9分で悩みが消える心理学入門

JN044323

一般社団法人
ジャパンストレスクリア®・
プロフェッショナル協会
代表理事
森 優洵
Yasuto Mori

かざひの文庫

はじめに――悩みは消える

「何十年も悩み続けていた問題が、一瞬で解決した！」

「不登校だったわが子が元気に登校するようになった」

「離婚寸前だったのに、みるみる円満になった」

「仕事で結果が出なくて伸び悩んでいたのに、売り上げと収入が大幅にアップした」

「いつも何かに悩んでいたのに、いつの間にか悩みに振りまわされなくなった」

これらはほんの一例ですが、わたしのもとへ訪れた人たちに起こった変化です。

心理学の世界は、とても奥が深いものです。
心理学の本質を理解することで、人生は思ってもみないほど大きく変わります。
わたし自身も、心理学の世界に魅了されたひとりです。

わたしはもともとサラリーマンでした。

結果を出すことを重視するタイプだったので、とても優秀な人と出会ったときに、もっと力をつけなければと奮い立ち、心理学を学びはじめました。

そこで「こんなに人は変われるのか」という場面にたびたび立ち会い、人生観が変化。わたし自身も本来の自分を取り戻し、驚くほど人生が変わっていきました。

その後、本格的にありとあらゆる心理学を学びはじめ、独自のメソッドを開発。関わる人たちの人生も次々と好転したことから、会社を辞めて心理学の道を歩むことを決断しました。そして、研鑽を重ねるなかで、どんな人でも結果が出るメソッドにたどり着いたのです。

このメソッドを「ストレスクリア®心理学」として世に出してから、これまでに、のべ5万人に提供。協会としてはコーチ2000人、トレーナー300人を養成。現在は、それぞれに、全国、世界で活躍しています。

ストレスクリア®心理学では、これまで何をしても効果がなかった人たちにも、大きな変化が起こります。

深層心理に短時間でアプローチできるため、短い期間で現実が激変する人が多いのです。


日々、たくさんの人の人生が変わる瞬間を目にするたび、

「人の人生はいくらでも変えることができる」

ということを、実感しています。


人は本来、悩む生き物です。

でも、悩みに振りまわされない自分を手に入れることもできるのです。

本書では、

「人はなぜ悩むのか?」

「どうすれば、悩みを解消できるのか?」

「どう考え方を変えていけば、悩みが消えていくのか?」

これらの疑問に答え、人生を大きく変えていくための方法を解説していきます。

また、本書の終盤では、わたしがいつもセミナーでお伝えしている「9分で悩みが解消できるワーク」も紹介しています。

1問1分で行える簡単な9つの質問に答えるワークなので、「9分」です。

たった9分でも、人の人生に変化を起こすことができます。

本書を通して、ひとりでも多くの人が、悩みに振りまわされず、清々しい毎日を送れることを願っています。

2021年11月　森　優洵

9分で悩みが消える心理学入門　目次

2章　こんな「思考」が現実をつくる

3章 悩みが消える12の法則

悩まない自分になろう！

1
章

人はなぜ
悩むのだろう？

人生を思い通りに生きるための鍵は、「感情」をうまく使うこと

現実を変えるには、ポジティブな感情もネガティブな感情も必要

ストレスクリア®心理学は、なりたい自分になって思い通りに生きるための、究極の心の強化術です。本章から、わたしが日頃から伝えている「心」や「悩み」の扱い方について、どんどん解説していきます。

まず、**現実をしっかり変えていくためには、ネガティブな感情もポジティブな感情も、両方必要**です。

「え？　ネガティブな感情を抱くことや、痛みを感じたりすることはよくないのでは？」と思う人が多いかもしれませんね。でもそれは、間違いです。

ネガティブ感情は、刺激が強い分、現実を変えるきっかけを起こしやすいという利点があります。

ネガティブな感情もポジティブな感情も押し込めないほうが、結果的に現実の変化も早くなるのです。

あとで詳しく解説していくので、まずはこのことを知っておいてください。

「努力しても変われない」という思いが行動を止めてしまう

世間ではよく、

「行動して変えられるものは、どんどん行動して変えていきましょう」

と言われます。

実際に、現実を変えたいときに行動を起こすのは、正しい方法です。

でも、それがわかっていても、行動ができないという人が大勢います。

なぜ、行動できないのでしょうか？

それは、動いても結果が出ないことが多々あるからです。

行動しても変わらない。努力しても努力しても変われない。

これが続くと、**お手上げになってしまって、やがては行動ができなくなってしまうのです。**

自分を追い込むようながんばり方は、しなくてもいい

一方、自分で無理していることに気づかないまま、一心不乱に動き続けてしまうという人もいます。こういった人の場合、

「一生懸命に行動しているのに、どうして結果が出ないのだろう」

と自分を追い込むことになってしまいます。

なかには、20年以上結果を追い求め続けてしまっている人もいました。


このように、変わりたくても変わらない、うまくいかない無限ループに入ってしまった場合には、どうすればいいのでしょうか。

現実を変えるための4つのステップ

第1ステップ…目標を立てて行動をする

変わりたくても変われない。動きたくても動けない。
こういった人は、どうすれば望む未来を手に入れることができるのでしょうか？
4つのステップで解説していきましょう。

誰もが最初に行う第1ステップは、目標に対して行動していくことです。
英語でいうと、「DO（行動する）⇓HAVE（結果を得る）」というステップです。
そこで

・行動してもどうしてもうまくいかない
・そもそも行動できなくなってしまっている
・行動すればするほどうまくいかなくなってしまう

というように、うまくいかなかった場合は、次のステップに入りましょう。

第2ステップ…そもそもの考え方・姿勢を変える

これは、行動の前に、そもそもの考え方・姿勢が大切であるというステップです。

英語でいうと、DOの前にBEがある「BE（考え方・姿勢を変える）⇓DO（行動する）⇓HAVE（結果を得る）」というステップです。

立てた目標を達成できるかどうかを決めるのは、行動が2割、考え方・姿勢が8割といわれています。

ですから、**行動してもうまくいかなくなったときには、考え方や取り組む姿勢を変えてみてください**。そうすれば、現実も変わるでしょう。

ただ、厄介なことに、考え方や姿勢は、それほど簡単に変えることができません。

なぜなら、現実に影響を与えている考え方は、自分のなかで「当たり前」になっている場合も多いからです。

自分の内側にあるどの考え方がいまの現実をつくっているのか、自身ではわからないことが多いもの。

そして、わからないものは変えようがありません。

結果、現実を変えることができずに、壁にぶつかってしまうのです。

昔の芸人さんは、師匠のところに住み込んで、寝食を共にしていました。

これには、弟子の考え方や取り組む姿勢を、師匠に合わせて一気にガラッと変えるという効果もあったのでしょう。

そもそもの考え方・姿勢を変えることがうまくいかなかったときに、次の第3ステップに移っていきます。

第3ステップ…心の奥底の信念を変える

第3ステップでは、心理学の専門的な方法で、心の奥底にある信念を書き換え、考え方や取り組む姿勢を変えていきます。

これはある程度までは有効なのですが、本当に深い考え方・姿勢を変えようとするときには、プロの手が必要です。

たとえば、**催眠療法で深いトランス状態に導き、子どもの頃のトラウマを解放する…というようなことをするため、実際には取り組むことがかなり難しい**でしょう。

一般的にはこの3ステップまでしか明かされていません。

では、ここまできても変えたい現実が変わらない人は、いったいどうすればいいのでしょうか？

それに応えられるのが、ストレスクリア®心理学の手法なのです。

第4ステップ…ネガティブな感情を正しく扱う

なぜ人は、変わりたくても変われないのでしょう？

それは、**ネガティブな感情を正しく扱えないから**です。

これを解決できない限り、人は永遠に変わることができません。

でも、わたしたちはネガティブな感情の正しい扱い方を知らず、扱い方を教えてくれるような先生もいませんでした。

こう聞くと、もしかすると
「カウンセリングやセラピーでは、ネガティブな感情を正しく扱えないのかな？」

と疑問に思う人もいるでしょう。でもじつは、

「ネガティブな感情を消しましょう」

「ネガティブな感情はなくしましょう」

「ネガティブがポジティブになれば解決しますよ」

というカウンセリングやセラピーは、ポジティブシンキングにあたります。
ネガティブ感情の扱い方を示すものではないのです。
もちろん、この考え方自体が間違っているわけではありません。
ただ、それでは現実を変えられない、越えられない壁があるのです。

そして、その壁を越えるために必要なのは、ネガティブな感情を正しく理解し、根本から受け入れることです。

ネガティブな感情とは、不快な感情とも言い換えることができます。
不快な感情を正しく理解して受け入れることで、いままで変化しなかった人の現実までも激変し、なおかつ元に戻らないということが起きていくのです。

ストレスクリア®心理学コーチングには大きく11点の特徴がある

ストレスクリア®心理学では、それ以外にもなかなか実現できないといわれる次の変化も提供できるようになりました。

1　解決が早い・心の深い部分にまでアプローチできる・セッション前の状態に戻らない
2　問題が困難であればあるほど、解決が早い
3　根本解決するから元に戻らない
4　問題の具体的な内容は聞かないため安全。セッション場所も選ばない
5　感情を味わって消すということをしない
6　自分の悩みの本当の理由がわかるので、解決する
7　価値観が明確になり、自分らしい自然体な姿で活躍できるようになる
8　人生の目的が明確になり、指針ができる
9　悩み解決はカウンセリングで、目標達成はコーチングで、自分らしい生き方はセミナーで…と、さまざまな手法を試さなくても、ひとつの同じ取り組みですべて解決できる
10　どんな人の場合でもどんなテーマの場合でも、たった2つの質問を繰り返すだけ
11　1枚のシートに必要なことを記入していくだけで、誰でもできる

ストレスクリア®心理学では、何をしても変わらなかった人たちを相手に、成果を出し続けています。そのため、わたしが名古屋でコーチングスクールを開講していたときには、プロのカウンセラーやセラピストも多数学びに来ていました。

ストレスクリア®心理学はこうして生まれた

わたし自身も、越えられない壁があったとき、日本のコーチングスクールへ通い詰め、カウンセリング・セラピー・ヒーリング・スピリチュアル・現実創造系スピリチュアル・瞑想・合気道…と思いつくものすべてに挑戦しました。学びのために、海外にも何度も足を運んだものです。


その結果わかったことは、ただ教わるだけの学びでは難しいということでした。

そして、**受講生やクライアントから、実践で学ぶほかない**という結論に至ったのです。

その受講生、クライアントがなぜそのようになっているのか？

いったい何が起きているのか？

そして、どうすれば解決するのか？

コツコツと検証した結果、ある一点の、変化のポイントがわかりました。

そのポイントに沿って再現すると、いままで変わらなかった人たち全員に変化が起こるという、ひとつの法則があったのです。

しかしそれには、砂漠のなかでダイヤモンドを探すような、とても難易度の高いセッションが必要でした。

わたしひとりができるだけでは、多くの人をしあわせにできません。

そこからさらに試行錯誤を重ねて、**たった２つの質問を繰り返し、１枚のシートに沿ってセッションをするだけで、誰にでもいままで超えられなかった変化の壁を越えることができる、セッションの形ができあがったのです。**

「ネガティブ＝不幸」という考え方が不幸を加速させる

「ネガティブ＝不幸」という考え方をやめよう

ネガティブな感情を理解して受け入れられるようになると、現実が望むほうへ大きく変わっていきます。

そうすると、**不快な感情に対する間違った扱い方が、大きな不幸を生み出している**ことに気づけるはずです。これが、現代の社会問題の背景にある、ひとつの要因です。

「不快な感情を抱くと不幸になる」
「快楽感情を持つと幸福になる」

このように、快楽感情と不快な感情という、二極化した思考だけで考えないようにしてください。

不快な感情は消そうとすると大きくなる

●不快な感情は、消そうとしても消えない
●消そうとすると、ますます大きくなってしまう

これが、不快感情の大きな特徴です。
人はつい、ネガティブな感情を消そうとしています。
でもこれは、じつはまったくの逆効果。
このことを理解しているのか、していないのかでは、結果に大きな差が出ます。

●不快な感情とは戦わない
●不快な感情とは仲良くする

ということが大切なのです。

そうはいっても
「本当に不快な感情とは戦わないようにできるのかな?」

「どうやったら、仲良くすることができるのかな?」

と思ってしまう人が多いでしょう。


ところが、じつはそれほど難しいことではありません。

ただ、「理解」をすればいいのです。


不快な感情にも目的があります。

「なぜ不快な感情を感じているのか?」

「なぜ不快な感情が必要なのか?」

そうやって**不快な感情が生まれる目的を知り、理解することが大切**なのです。

そうすれば、不快な感情は自分の味方であるということが、自然にわかってくるでしょう。

不快な感情も生きるために必要なもの

不快な感情は、

「自分が大切にしているものを得たい」

という目標のために、

「なんとかして手に入れたい」

と思って行動をうながすために自分自身がつくり出している感情です。

そして、この目的に気づけると、不快な感情はあっという間に消えていきます。

「不快な感情は、自分が大切にしているものが手に入るためのプロセスなんだ」

と理解できると、不快な感情も必要なものだとわかり、自然と大切にしようと思えるようになるでしょう。

ネガティブな感情は、「嫌う気持ち」から生まれる

不快な感情と仲良くすると、自然と消えていく

嫌って、消そうとしても消えないというとき、人は不快感情を感じます。「嫌う気持ち」こそが、ネガティブな感情の正体なのです。

自然にわき起こる感情を嫌わずに、大切にして、仲良くしようと思ったその瞬間、「不快な感情は嫌だから消そう」と思うことで起こっていた不快感情は、消えていきます。

自然発生する「嫌だ」という感情は、90秒で自然に消え、次の感情に移っていくといわれています。ですから、

「嫌だから消そう」

と考えてしまう感情をうまく扱うことができれば、結果として不快な感情は消えていくのです。

「自己否定をしてはいけない」と思うほど、ドツボにはまる

消そうとしても消えないところに、人は不快感情を感じるわけですから
「不快な感情を消そう」
「不快な感情を感じるのをやめよう」
と思えば思うほど、不快感情のループがはじまります。

ひとつ例をあげましょう。あなたも、

「自己否定をしてはいけない」

という言葉を聞いたことがありませんか？

そして、多くの人がその通りだと思っているのではないでしょうか。

でも、この考えこそが、自己否定ループを生み出している原因なのです。

「自己否定をしてはいけない」という言葉には、自己否定が含まれている

「自己否定をしてはいけない」

という言葉を、よくよく分析してみましょう。すると、

「自己を否定している自分はダメだからやめましょう」

と、自己否定していることがわかるでしょうか？

つまり、**「自己否定している自分」を「否定している」言葉**になっているのです。

しかも、自己否定することをやめられないので、

「だから自分はダメなのだ」

とまた否定してしまいます。そして、

「その否定している自分をまた、否定してしまう…」

というように、自己否定が延々と繰り返されてしまうのです。

「自己否定してはいけない」

という言葉は、ある意味

「自己否定しなさい」

と言っているのと同じ結果を生んでしまっています。

結果として、自己否定を加速する言葉になっているのです。

この自己否定ループは、悪魔のトリックといってもいいでしょう。

このしくみを理解していない人や真面目な人ほど、いつの間にかこのループにはまってしまうのです。

ループにはまったときは、自分を俯瞰して主体性を取り戻そう

では、こうなってしまったとき、どうすればいいのでしょうか？

答えは簡単です。不快な感情の目的を理解していきましょう。条件反射のように、不快感情から逃げることを繰り返している限り、不幸のループからは逃れられません。

たとえば、自己否定を繰り返す人の場合、成長をうながすために自分を否定している、という目的を持っていたりします。すぐに不安になってしまう人の場合、危険を避けるために不安を感じて、いち早く動くきっかけにしています。

これを理解できると、自己否定を繰り返す人は、自分の人生を本気でよくしたいという目的を持って生きている人だということがわかってくるでしょう。

悩みはその人の価値観がつくり出している

悩みはその人の価値観に気づくためのサイン

ここまでで、「ネガティブな感情＝不快感情」の扱い方は、理解できたでしょうか？

話をもう一歩進めて、悩みについてもお話ししていきましょう。

悩んでいる人は、自分に「悩め」と指示を出しています。

逆に言うと、「悩め」という指示を出さなければ、人は悩めないものなのです。

ではなぜ、「悩め」という指示が出るのかというと、ほしいものが手に入っていないから、悩むことで手に入れさせようとするためです。

人は、自分の価値観に合うものが手に入らないとき、不快感情を発動して、気づくようにうながします。ですから、手に入るまで不快感情は止まりません。

反対に、ほしいものが手に入ったら、不快感情を止めて、快楽感情を発動します。


このように、人の心には価値観があるために、快楽感情と不快感情が発動します。

そして常に、価値観による快楽感情と不快感情に、人は踊らされているのです。

自分を俯瞰することで、価値観に振りまわされなくなる

では、悩みを解消するには、価値観を消せばいいのでしょうか？

この考え方では、解決しません。

そうではなく、自分を俯瞰して見てください。そうすると、

「価値観は、あってもいいけどなくてもいい」

という状態にたどり着くことができるはずです。

自分の価値観に振りまわされないようになると、悩まないしあわせな人生が広がっていきます。価値観も、消そうとするのではなく、うまく使うことが大切なのです。

たとえば、恋人のことが好きすぎる人は、好きすぎて振りまわされたりもします。**振りまわされるから、苦しくなる**のです。

この状況を俯瞰して見ていくと、

「恋人とは、結婚しない限り別れるもの」

「結婚しても、別れを迎えるときがある」

「結婚していても、最後には死によって別れがやってくる」

「どんなに好きでも、仲がよくても、いつかは誰もが別れを迎えるもの。じたばたしても仕方ないんだ」

ということに気づけるはずです。

こうして俯瞰することができると、

「恋人を失ったら人生がおしまいだ」

という状況から、「好き」という気持ちを楽しむ余裕が生まれます。

そうなることで、悩みから抜け出せるのです。

気づきで
現実を変えていく

自然体の「引き寄せ」を起こせるようになろう

引き寄せの法則では、よく

「わくわくすると引き寄せられる」

といわれています。でもそこには、うまくいく引き寄せと、うまくいかない引き寄せがあるのをご存じですか？

じつは、引き寄せの「わくわく」にも、2種類あるのです。

（1）逃げからくる引き寄せ…痛みから逃げる「わくわく」は、痛みを引き寄せる

（2）自然体の引き寄せ…本心から生まれる「わくわく」は、本当にほしいものを引

き寄せる

いま、ここにある不快感情と逃げずに向き合って、その奥にある自分の価値観に気づくことができれば、本当に自分が望んでいる現実を手に入れることができます。

こうして、本心から望んでいる引き寄せが起こることを、わたしは「自然体の引き寄せ」と呼んでいます。

原理原則の流れに乗ると、望みがすいすい叶う

人生には、山登り型の人生と、川下り型の人生の2種類があります。

山登り型の人は、努力して前に進む人生を送ります。

この場合、努力しないと前に進まない、努力ができなくなったら前に進まない、努力がうまくいかないときも前に進まない、ということになります。

一方、川下り型の人は、努力はするけれど、努力以上に大きな人生の原理原則を

使って、必要なものを引き寄せながらしあわせに歩んでいくという、自然体な人生を送ります。

この場合、その人に必要なものは引き寄せられ、必要でないものは自然となくなっていきます。

人の身体も同じです。

心臓や消化器に対して「動け」と命令しなくても、いつも動いてくれていますよね。自分の意志や思考とは関係のないところで、自分の「無意識」が正常に働いてくれているのです。

自分の意志と思考を使って動かさなくても、人生には大きな原理原則が流れています。その力に気づいて、すいすいと生きていく。これが自然体の人生です。

この人生を送れるようになると、人は悩みにとらわれなくなっていくのです。

人は事実を事実として認識できない

人は誰もが色眼鏡で物事を見ている

わたしたちは、事実を「事実」としてとらえていません。

ここでは、人は、自分の色眼鏡を通したものを、「現実」として認知しているのだということを理解していきましょう。

人は、目の前の出来事のなかから、見たいものだけを見て、決めつけたり、思い込んだりしています。

そうして決めつけたものを、「事実」だと思い込んでしまうのです。

色眼鏡をつけた状態でしか、人は物事を認知することができません。

たとえば、「わたしのママ友、佐藤さんが、朝、目の前を通り過ぎた」という事実があったとき

↓わたしのママ友、佐藤さんは、朝、会ったとき「おはよう」と言わなかった

↓〝彼女〟は今日、わたしに挨拶をしなかった

↓わたしは無視された

↓わたしは〝みんな〟から嫌われている

↓人生はつらい

このように、「わたしのママ友、佐藤さんが、朝、目の前を通り過ぎた」という3秒しかない事実に対して、「人生はつらい」「人生全体のすべての時間がそうだ」と決めつけてしまうのです。

認知のしくみ

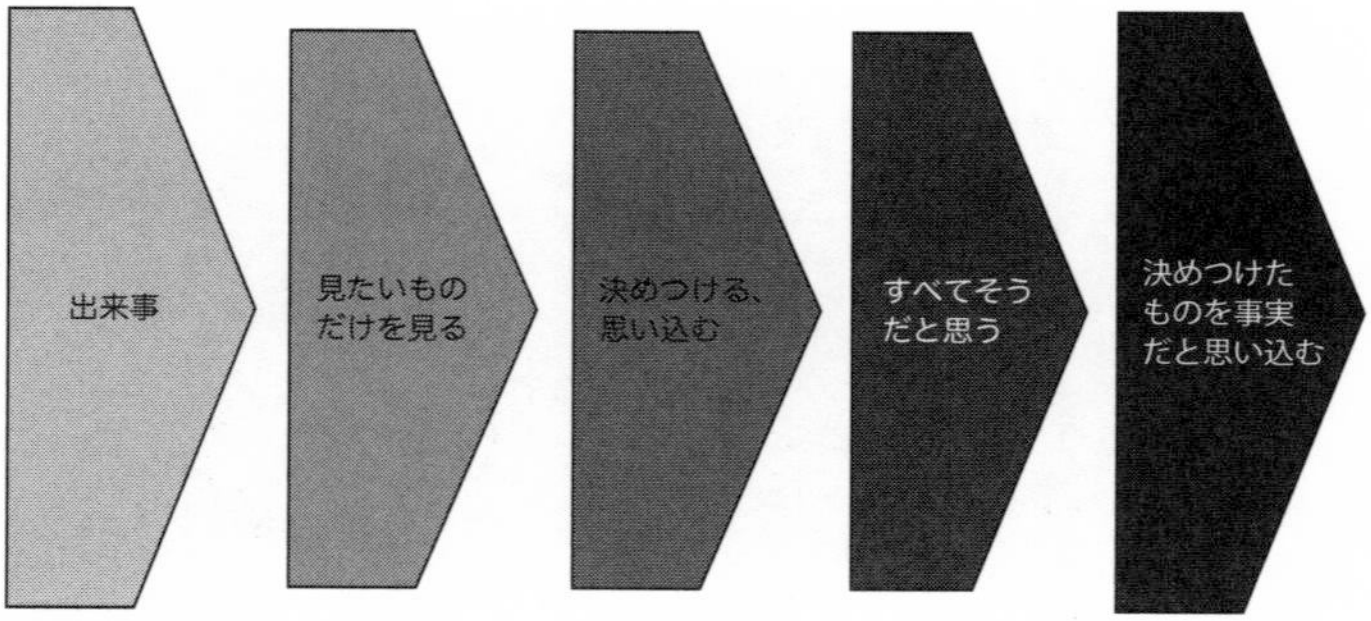

これが、見たいものだけを見て、決めつけ、思い込んで、すべてがそうだと思ってしまう「認知のしくみ」の流れです。

いまの流れを逆からたどって見てみると、

「人生はつらい」

と言っている人の事実は、

「わたしのママ友、佐藤さんが、朝、目の前を通り過ぎた」

というだけだったことが理解できます。


そんなふうに、**ネガティブな感情に対して理解が進むと、悩みの不快感情もゆるやかになっていく**でしょう。

すべての問題は自分のとらえ方次第

思い通りにならない現実も、ただその「現実」があるだけ

「現実は思い通りにはならない」

という発想は、思い込みです。ですから、

「現実が思い通りにならない」

と騒ぐのではなく、

「現実はただあるだけ」

ととらえてみてはどうでしょうか。

きっと気持ちがラクになるはずです。

「現実が思い通りにならない！」

と思い込んでいると、不快な思いだけが発生します。

この気持ちを強く持っている人は、

「現実はただあるだけ」

と理解して受けとめるようにしましょう。**気持ちがラクになると、不快な思いも確実に減っていきます。**


「思い通りにならない」

という要素を正確に見ていくと、現実は思い通りに変わります。

その前に、まずは、

「自分が現実をどのようにとらえているのか？」

ということから理解していきましょう。

問題を問題ととらえないことが解決につながる

わたしたちは、事実を事実としてとらえられません。

悩んでいる人から反感を買うかもしれませんが、じつは、「問題」は存在していないのです。

どんな出来事も、ただ存在しているだけ。

ただ、自分がそれを「問題」と認知しているから問題になるのです。

解決したいことがあるなら、まずは事実を理解するところからはじめましょう。

次章では、どうすれば悩みや問題が消えていくのかということについて、さらに詳しく解説していきます。

2章

こんな「思考」が現実をつくる

思考は現実化する

変化を実感するには、体験すること

「思考は現実化する」

という有名な言葉を、聞いたことがあるでしょうか？

ストレスクリア®心理学では、この考え方について、詳しくお伝えしています。

もっと具体的にいうと、

「思考は現実化する。すべては自らが選択している」

ということになります。


この考え方を深く理解すると、より大きく現実が変わることになります。

とくに、
・体感して腑に落ちている
・実際に現実を変えることができている
ということができているときに、変化を実感できるはずです。
ぜひ体験できるように、深めていきましょう。

本章では、具体的に
「思考は現実化する。すべては自らが選択している」
という考え方について、解説していきます。

人は追い込まれたときに、内なるエネルギーを発動する

意識を変えれば目の前の現実が変わる

目の前の現実がどのようにしたら変わるのか？

そのきっかけとなるのが「意識」です。

努力と根性だけではうまくいかないときに、意識を変えれば、目の前の現実も変わります。


たとえば経営者が、会社が倒産する寸前から立ち直るというように、自分の力ではどうにもならないほどの状況を乗り越えたとき、内なる大きな力を使えるようになっていることがあります。

すべては自分が選択している

『「原因」と「結果」の法則』（ジェームズ・アレン著／サンマーク出版）の本のなかには

「人は誰も、内側で考えている通りの人間である」

と書かれています。この古来の金言は、わたしたちの人格のみならず、人生に当てはまる言葉です。別の言い方をすれば

「すべては自らが選択している」

ということです。

たとえば、

「雪が降っても自分の責任」

という話があります。営業の人が、雪国に行って

「雪が降っているから売れません」

と言っていては営業ができない。雪が降っていても仕事の成果は自分の責任だということのたとえです。

いまの時代でも、

「コロナ禍だから物が売れない」

と言うのではなく
「コロナ禍だから売れる！」

というように、発想の転換ができる起業家や社長でなくては続きません。

追い込まれたときに、意識をぐんと変えれば、驚くような形で浮上できることがあるのです。

責任と権利は比例する

責任をとることで、自由が増える

現実を思い通りに動かしたいときに、「責任と権利」はとても大切です。

わたし自身もサラリーマンだったことがあるのでわかりますが、**仕事に責任を持つと、権利も比例して増えていくので、やりたいことができるようになります。**

①責任0＝権利0

責任がゼロのときは一見ラクそうに見えますが、権利もゼロなので、思い通りになることが何ひとつありません。

②責任50＝権利50

責任が50の場合、人を自分の思い通りに動かすことができません。

権利が50だけとなると、相手の50をこちら側で動かすことができないのです。

じつは、多くの人はここで不幸だと思い、悩んでいます。

③**責任100＝権利100**

責任が100になると、一見大変そうに見えますが、権利も100なので、すべてを思い通りに動かせます。優れた経営者ほど、この発想を持っているのです。

目の前の出来事に対して、いつも主体性を持つ

サラリーマン時代、わたしは会社のあらゆる部署で最先端のことを扱っていたので、大変でしたが常に楽しいという状況でした。

能動的に動くということが、責任をとるということなのです。

『完訳　7つの習慣－人格主義の回復』（スティーブン・R・コヴィー著／キングベアー出版）では、「能動的に動く」「責任をとる」ということについて、「主体性を発揮す

る」という言葉で説明されています。**人生を思い通りにしたいのであれば、責任をとり、主体性を発揮していくことが必要**になります。

まず、目の前の出来事は自分が選択しているのだということに気づき、人生のハンドルを自分で握れるようにしていきましょう。

先に自分が動けば、あとから現実はついてくる

現実の動かし方にもコツがあります。

たとえば、本来自分が抱えている仕事以上のことをすると、現実のバランスが崩れるので、バランスをとろうとして、現実がそれに合わせて変わっていきます。

どういうことか、もっとわかりやすくいうと、給料以上に働くと、会社に貸しをつくるので、バランスが崩れます。会社は借りを返さなくてはいけないので、役職と給料が上がります。ですから、

「もっと収入を上げたい！」

と思うのであれば、先に社長になったような意識で働きましょう。
そうすることで、現実も追いつくように動いていくことになります。

困っていれば、困っているほど、人は
「なんとかしなければ！」
と、能動的に意識を働かせて動きますよね。そうすると、あとから対価がついてきます。これが、現実を変えるということにつながっていくのです。

まずは、目の前にある変えたい現実をなんとかすることからはじめましょう。

人はどうやって物事を認識しているの？

物事はとらえ方で大きく変わる

起きている出来事自体に、いいか悪いかは関係ありません。**その出来事を、それぞれの人がポジティブなものだと受けとったり、ネガティブなものだと受けとったりしているだけ**です。

たとえば、『人間万事塞翁が馬』（『淮南子』人間訓）を読んで、あなた自身が物事をどのようにとらえているのかを見てみましょう。

危険の絶えない辺境の砦の近くに、占いに優れた老人（翁）がいたそうです。

あるとき、その老人の馬が、なぜか北方の異民族の地へ逃げ出してしまいました。

人々が慰めると、その老人は言いました。

「これがどうして福とならないと言えようか」


数ヵ月たった頃、その馬が異民族の地から駿馬を引き連れて帰って来たそうです。

人々がお祝いを言うと、その老人は言いました。

「これがどうして福をもたらさないと言えようか」


しばらくすると、その老人の家には良馬が増えました。

その老人の子どもは乗馬を好むようになりましたが、馬から落ちて足の骨を折ってしまったそうです。人々がお見舞いの言葉を述べると、その老人は言いました。

「これがどうして福をもたらさないと言えようか」


しばらくすると、砦に異民族が攻めてきました。

成人している男子は弓を引いて戦い、砦のそばに住んでいた者は、10人のうち9人も戦死してしまいました。しかし、その老人の息子は足が不自由だったために、戦争に駆り出されずにすみ、父とともに生きながらえることができたそうです。

このお話でわかることは、大きく分けると2つあります。

①物事はとらえ方で変わる

このお話には、いいことと悪いこと（ポジティブとネガティブ）の両方が描かれています。そして、**起こったことがよかったのか、悪かったのかは、とらえ方でずいぶん変わる**ということがわかります。

②物事の意味は文脈で決まる

もうひとつは、**その出来事がいいことなのか、悪いことなのかは、その出来事の前後に起こったことによっても変わる**ということです。

たとえば、老人の子どもが馬から落ちて骨折しました。このことだけなら悪いことだととらえる人が多いかと思いますが、それによって戦争に駆り出されて死なずにすんだという出来事があったことで、いいことだととらえるポイントが生まれたことになります。

ひとつの出来事の前後にどういうことがあったかということで、ポジティブなのか、ネガティブなのか、とらえ方が変わるわけです。

人は「ない」ものを見て、「ある」ことを認識している

何かが起こったときには、全体を見るようにしましょう。**かならずポジティブな面とネガティブな面の両方があります。その両方を見ていくことが大切**です。

「ポジティブが50%、ネガティブが50%」

という見方もあるといわれています。

ホワイトボードを思い浮かべてください。そこに白いペンで書くと読めませんが、黒いペンで書くと読めるようになります。ペンの黒色のまわりに、異なる白色がある

から読めるのです。

反対に、黒いボードに黒いペンで書いたら読めませんが、白いペンで書いたら読めるようになります。これも、ペンの白色のまわりに異なる色があるからです。

つまり、人が何かを「ある」と認識するときには、裏返すと、何かが「ない」と認識していると言い換えることができます。

一見ポジティブな言葉にも、裏にはネガティブな意味がある

人が認知をしているものには、かならず裏があります。

「苦しみがないと歓びを感じられない」という現象についても、これで説明ができるでしょう。

人生が歓びばかりになると、人は歓びというものを実感できません。

ホワイトボードもペンも全部一色になると、ボードの文字が読めなくなってしまうように、感情もすべて一緒になってしまいます。ほかの感情を知っているからこそ、歓びを認識できるわけです。

ですから、「ポジティブ」の裏には、かならず「ネガティブ」が必要なのです。

人をほめるときにも、「ポジティブ」「ネガティブ」の両方が存在します。たとえば

「100点をとったあなたは素晴らしい」

とほめてしまうと、

「0点をとったら、あなたはダメです」

と言っていることと同じ意味合いになってしまいます。**ほめられたことは承認だとしても、その裏には反対の意味があるため、条件つきの承認になってしまう**のです。

条件つきの言葉は、子どもにも影響を与えてしまう

わが子に対して、条件つきでほめてばかりいませんか？

「がんばったあなたは素晴らしい」

というほめ言葉が、同時に伝えている裏のメッセージは

「がんばらなかったら、あなたはダメ」

です。すると、子どもは親にほめられるために行動する子に育ってしまうのです。

これでは、

「がんばらない自分には価値がない」

という意識を子どもに植えつけることになるので、生きることが苦しくなってしまいます。

ある親戚の集まりで、

「あの子は痩せているのにね」

と言ったのを聞いた子が、

「じゃあ、俺はデブってことなの？」

と言ったので、大笑いしたそうです。

このように、**一見ポジティブな言葉でも、その裏にはネガティブな意味があり、文脈によっても意味が変わります。**

ポジティブとネガティブ、表と裏は、常にセットなのだということを、覚えておいてくださいね。

ネガティブから逃げないほうが、早く解決に向かう

近づくほどに、不安は小さくなる

不安は逃げれば大きくなり、近づくと小さくなるという特徴があります。
ですから、不安になっている人には、次のような言葉をかけてあげましょう。

「不安なときは、もっと不安になっても大丈夫ですよ」
「苦しいときは、もっと苦しんでもいいですよ」
「困ったときは、もっと困ってもいいですよ」

こうやって、**不安から逃げないほうが、問題は早く解決する**でしょう。

じつは、不安というもの自体がネガティブな存在なのではありません。

不安を嫌う気持ち、不安を嫌って避ける気持ちがネガティブなのです。

そのため、不安から逃げれば逃げるほど、不快感情は大きくなります。

反対に、自分から不安に近づいていけば、不安から逃げていないので不快感情は起こりません。これをしていると、自然と不安は消えるのです。

ネガティブとポジティブは表裏一体、逃げないほうがうまくいく

起こっていることや、感じていること自体は、ネガティブでも不快でもありません。

・「ある」ものを、「ない」ことにしようとすること
・「ある」ものを避けようとすること

これがネガティブの実態です。
ネガティブは、一般的に「避けろ」「嫌がれ」という指示だと思われていますが、

じつは違います。でも、このことを理解している人は、あまり多くないかもしれません。

だからこそ、ネガティブを避けたいと望んでいる人が大勢いるのではないでしょうか。

でも、不安から逃げないほうが、早く解決策を見つけられます。

早く取り組むほうが、たくさんの解決策を選択できるでしょう。


わたし自身は、不安も安心も同じものだととらえています。

ネガティブとポジティブはセット、コインの裏表と一緒です。

人はネガティブがなければ、ポジティブも認識することができません。

片方だけにすることはできないものだからです。

理由がわかれば、悩みは短時間でスパッと消せる

わたしはよく、

「不安なら、もっと不安になっていいですよ」

「緊張するならもっと緊張してもいいですよ」

と伝えています。

不安やネガティブな感情の奥にある本当の理由を理解することで、現実は劇的に変わっていきます。ではどうすればいいか、もっと詳しく解説していきましょう。

スポーツ選手の運動障害も解消!

以前、イップス（緊張や不安などによって、それまでスムーズにできていた動作が思い通りにできなくなる運動障害）になってしまった野球選手に、ストレスクリア®心理学の話をしただけで、改善したことがありました。

このとき、わたしはセッションではなく、ただ話をしただけです。すると、
「治ったからセッションはいいです」
と言って、帰って行ったのです。

そして、翌日から、その選手は実際に投げられるようになりました。

イップスはゴルフ選手に起こる症状として有名ですが、野球選手のほうが悩んでいる人は多いそうです。

そして、少しでもコントロールが必要なボールになるとまったく投げられなくなるため、野球選手にとっては非常に致命的な症状なのだと聞きました。

そのような深刻な状況に陥ったとしても、話を聞いただけで変化が起こります。

不安なときは、その理由をしっかり見つめ、理解しましょう。

そうすれば、どんなことでも解決することができるのです。

悩みは左脳の思考がつくっている

左脳が壊れたら数字に意味がなくなる

『奇跡の脳―脳科学者の脳が壊れたとき』（ジル・ボルト・テイラー著／新潮社）という本をご存じでしょうか。

脳科学者である著者が脳卒中になったことで、自分の脳がどのように壊れていくのかを説明した本なのですが、脳機能のことが非常によくわかります。

本のなかで、**左脳の機能を変えることで、人は簡単に至福の状態になり、覚醒できる**ということについても触れられています。

これはどういうことでしょうか？

たとえば、わたしたちが電話番号を押せるのは、左脳で数字を意味づけしているからです。もし左脳に機能障害が起こると、数字が読めなくなり、電話番号が押せなくなったり、計算ができなくなったりします。これは、数字の意味がわからなくなり、ただの模様にしか見えなくなってしまうからです。

日本人の多くが、アラビア文字を読めないのも同じ理由です。意味づけがわからないと模様にしか見えないので、文字を読むことができないのです。

人の悩みは左脳から生まれている

じつは、人の抱えている悩みは、物事の「意味づけ」から生じています。

あらゆることの意味づけをしている左脳の思考が、悩みをつくっているのです。

もし左脳の意味づけをする機能が弱まれば、区別をつけられなくなり、意味がすべて崩壊し、悩みも消えて、永遠のしあわせ（ワンネス）を感じられるようになるでしょう。

「自然にわき起こる感情」と「思考でつくっている感情」の違いを知る

自然にわき起こる感情は90秒で消える

先ほど触れた『奇跡の脳』でも紹介されていますが、科学的に感情は90秒で消えるといわれています。もし感情が90秒以上続いている場合は、自分で感情を味わうことを選択しているということになるのです。

感情には、自然にわき起こる感情と、思考でつくっている感情があります。

自然にわき起こる感情は90秒で消えますが、思考から生まれた感情はそれ以降も続くのです。たとえば、

「不安だな」

という感情がわいたあとに、すぐ
「不安と思ってはいけない」
と感じる。この場合、後者は思考から生まれた感情にあたります。
この思考がつくり出した感情は、自分でつくったものなので、自分で消すこともできるのです。

ある受講生が、これを聞いて
「え！　90秒で消えるんですか!?」
と衝撃を受けていました。感情はすぐに消えないと思うほうが普通の感覚でしょう。

本来の人間は、喜怒哀楽がはっきりしていて切り替え上手

「感情はすぐに消える」という例で、わたしはよくブッダの話を紹介しています。
ブッダは、喜怒哀楽がはっきりした天真爛漫な人だったという説があります。
大仏の姿から静かなイメージを持っている人や、悟ったのだから穏やかな人なのだろうと思っている人も多いのではないでしょうか。

でも、**喜怒哀楽があるのが人間です。これがない人はいません。**

ですから、ブッダにも喜怒哀楽があって当然なのです。

ただ、ブッダの場合、喜怒哀楽の感情は生まれた次の瞬間に消えていきます。

そこに執着がないのです。

だからこそ、とても人間的で天真爛漫な人でありながら、すぐに気持ちが切り替わる。そういう人物だったのではないでしょうか。

これが、人間の本来の姿なのです。

どんな感情を抱くかは、事実をどうとらえるかで決まる

「お坊さんの川下り」という逸話を聞いたことがありますか？

このお話からも、自分が感情をつくり出していることがよくわかります。

ある日、お坊さんとお弟子さんが川岸にいました。

そこに若い女の人がやってきて、着物なので川を渡ることができずに困っていました。

お弟子さんはなんとかしたいと思いましたが、修行僧は女人に触れてはいけないことになっているため、どうしたらいいのか、悩んでしまいました。

ところが、お坊さんは
「大変やの～」
と言って、ひょいとその娘さんを抱きかかえて、川を渡って行ったのです。それを見ていたお弟子さんは
「女の人に触っていいのか？　どうなっているんだ？　この師匠はおかしいんじゃないか？」
と戸惑いと怒りを感じながら川を渡り、娘さんと別れて道を歩き続けました。
お弟子さんの様子がおかしいことに気づいたお坊さんが、何かあったのかと尋ねると、お弟子さんは、

「先ほどの川辺で、女性を抱いて渡った行為はよかったのですか」

と問いました。すると、お坊さんはこう答えたのです。

「おー、そうか。お前はまだあの女性を抱いていたのだな。わたしは川を渡ったらもう置いたぞ」

お弟子さんは女性に触れて渡ったお坊さんの行為に、ずっと腹を立て続けていましたが、お坊さんは、女性をおろした時点で何の感情も残していませんでした。

つまり、お弟子さんが執着していただけなのです。

いかがでしょう。お弟子さんの姿から、自分が勝手に感情をつくっていることが理解できたでしょうか。**事実はひとつですが、それに付帯する意味づけや感情を、人は自分でつくっています。**

そして、事実をどのように理解するのかは、人それぞれの「認知」によって変わるものなのです。

自分の「認知」が、いまの自分の状態をつくっている

自分が悩みをつくっていることがわかれば、悩みから解放される

苦しんでいる人のなかには、自分が悩みをつくっていると言われても、

「いやいや、そんなふうには思えないよ」

と感じる人がいるかもしれません。

でも、いまある悩みも現実も、本当はあなた自身が望んでつくり出したことなのです。


自分の「認知」が、不幸な状態をつくっているのです。

出来事に対して不快感情を抱いていると、さらにそれが現実に投影されていきます。

このことがわかればわかっていくほど、人はとらわれた現実から解放されていくで

しょう。

前項で解説したように、感情は90秒で消えるのに、それ以上不快な感情が続くなら、あなた自身がその感情の自動再生装置になっているからです。

感情が生まれるきっかけはいろいろとありますが、自然と生まれる感情は消えてなくなるものなのです。

それが続いているということは、あなた自身がつくっている感情だということを、まずは受け入れてみてください。

何十年も前のことをいまだに悩んでいるのは、あなた自身がずっと悩みをつくり出しているからです。つまり、悩みたくて悩んでいるということです。

当時の感情はとっくに消えていますから、自分がどのようにその悩みをつくり出しているのかを読み解くことができると、悩みも自然と解消するでしょう。

人を右往左往させているのは、「思考」でつくる感情

自然にわき起こる感情は、自動反応で生まれるため、どうしようもありません。

ところが、**自然にわき起こる感情に対して、「思考」でつくる感情は、自分でつくり出しているために変えることができます。**


ブッダにも喜怒哀楽があったとお伝えしましたが、自然にわき起こる喜怒哀楽の感情はとてもピュアなものです。

そして、これはブッダだけでなく、誰にでも当てはまることです。


人は、基本的には静かな存在です。

自然にわき起こる感情と「思考」でつくる感情の違いを理解することで、感情をそのまま味わいながらも静かでいられるようになるでしょう。

ニュートラルな人がいると、まわりも穏やかになる

わたしは、昔、京都で行われたヴィパッサナー瞑想（インドでもっとも古い瞑想法のひとつ）の合宿に、2週間参加したことがありました。そのときに、

「あなたはいびきがうるさいから、今日からテントで寝てください」

と先生から言われてしまったことがあったのです。

言われた瞬間はとても驚きましたが、不思議なことに、それ以外には怒りも何の感情もわきませんでした。

発言した側に感情のブレがなかったために、聞く側にも何の感情も起きなかったのです。

「はい、わかりました」

としか、わたしは答えられなかったのですが、さすが瞑想の先生。見事だと感心しました。

その先生も天真爛漫でけらけらと笑う人でしたが、存在感があり、瞑想をし続けるとこのような人になるのだな、と思ったことを、いまでも覚えています。

このように、ニュートラルで存在感のある人から注意されると、相手の感情はまったくざわつきません。

瞑想以外でも、貴重な体験ができた合宿でした。

自分の感情を理解していくと、人間関係がよくなる

ニュートラルになると、相手との人間関係が変わります。

こちらが不快感情を持たなければ、相手も不快感情を持つことはありません。

「そうは言っても、不快感を持っているじゃないですか」

と言う人がいたら、それは、その人が自己否定の感情を持っているからでしょう。

このように、物事のすべてがつながっているのです。

まずは、自分の「思考」がつくっている感情をきちんと見て、対応していきましょ

う。これをすれば、人間関係は変わります。

受講生に向けて、

「感情は90秒で消えると聞いてどうですか?」

と、ある講座で尋ねたところ
「それが本当なら、すべて自作自演ということじゃないですか!」

と言った人がいました。


その通り。**自分の人生は、すべて自作自演**です。

だから人生はおもしろい。

自分の人生を、どう自作自演するのかは、自分次第なのですね。

日常の当たり前は、記憶がつくっている

記憶からつくられている「認知」は、つくり変えることができる

『ぼくらはみんな生きている――18歳ですべての記憶を失くした青年の手記』（坪倉優介著／幻冬舎）を読むと、「認知」はわたしたちの常識にとても影響していることがわかります。

記憶喪失になり、常識がなくなると、電線を見ても何なのかわからず、ごはんを口に入れたら痛いと思ったと書かれていて、非常に驚きます。これは、おいしいと感じることも学習であり、記憶から「認知」がつくられているためです。

記憶がないと、おいしいという、ほかの人にとっては当たり前のことさえもわから

なくなるのです。

このように、「認知」のしくみを学んでいくと、ほかの学びにも広がっていきます。日頃わたしたちが考えていることは、わたしたちが記憶の連鎖で勝手につくり出しているだけ。じつは何もないということがわかると、とらわれていることから自由になれるでしょう。

「認知」も「感情」も、自分がつくっていたとわかったら、その瞬間につくり変えることもできます。

ですから、自分がどんな「認知」「感情」をつくっているのかをわかることがとても大切です。

ごはんはおいしい、という状況すら自分がつくっているものだとわかったら、自分にとって一番いい形につくり替えたくなりますよね。

人は ネガティブ感情が好き

人は自ら望んでネガティブ感情を味わっている

とても嬉しいことがあったとしても、自然に生まれる感情は長くは続かないものです。同じように、ネガティブな感情も本来は長くは続きません。

ですから、よく思ってしまいがちな、

「ネガティブな感情はよくないものだ」

という感情は、「思考」でつくっている感情です。

このように自分の思考がつくり出した感情の多くは、ずっと続いてしまいます。

わたしが

「ネガティブ感情は気持ちがいい」

「不安なときはもっと不安になってもいい」

と言うのは、ネガティブ感情を持っていてもいいということを伝えたいからです。

もっと言うと、

「ネガティブ感情を持つことを本人が望んでいるから、ネガティブが出てきている」

ということを伝えたいのです。


『冬のソナタ』や『鬼滅の刃』が大人気になるのも、人はネガティブなものが好きだからです。このことがわかると、ネガティブ感情はよくないという刷り込みが消えていくでしょう。

「ネガティブ」のとらえ方には国民性があらわれる

ネガティブ感情の刷り込みは、国によっても違いがあります。

たとえば、ドイツ人は、人の悪口を言って笑っておしまいになることがあるそうで

す。ネガティブで終わっても平気な国民性なので、日本人のように
「最後はポジティブで終わらなければいけない」

とは思いません。ですから、

「大変だよね～。大変だよね～。はい、さよなら」

という会話ができるそうです。


でも、だからこそ、ネガティブをきちんと見ることができる国民なのです。

ドイツ人は、精密機械も時計もつくれます。日本人も同じ面を持っていますが、行動がまったく違います。興味があれば、『ドイツ人はなぜ、年290万円でも生活が「豊か」なのか』（熊谷徹著／青春出版社）を読んでみてください。


また、インド人は、世界一映画を観るそうです。

映画の製作数もアメリカより多く、その大半がアンハッピーエンドで、悲惨な終わり方をします。そして、重い気持ちで映画館を出ていくことが好まれるそうです。

まさに国民性といえますね。

日本人はネガティブな国民？

日本人はネガティブな感情を感じやすい国民と言われています。

庭の苔をわびさびといって、苔さえも芸術にしてしまいます。でも事実は、ただ苔が生えているだけです。

茶室も、古いところであれば、まわりに染みがあったりしますが、それすらも芸術にしてしまいます。

日本は災害大国でもあり、悲惨な災害に何度も遭遇しています。

嫌なことばかりがある国にも関わらず、それらを跳ねのけて生きてきた人たちです。

たくさんのネガティブな体験に直面し、それに対していろいろと取り組んできた国です。

だからこそ、ネガティブな感情の正しい扱い方を習得して、実践し、世界一しあわせになれる国民だと思うのです。

ネガティブ感情の本丸は「恐れ」

「恐れ」はなかなか出てこない

ネガティブ感情の本丸は、何だかわかりますか？

それは「恐れ」です。

これが、ネガティブな感情のなかで、もっとも深いところにあるものです。

つまり、**恐れを攻略できれば、ネガティブ感情をほとんど攻略できたことになります。**

ストレスクリア®心理学では、自己否定感情を解消できるように取り組んでいくのですが、同時に「恐れというのは何なのか」ということにも切り込んでいきます。
以前のストレスクリア®心理学のセッションでは、

「あなたの恐れは何ですか？」

ということを、ずっと突き詰めていったこともありました。

でも、人には、「恐れ」に向き合うという習性や感覚がないので、質問をしても何も出てこないことがわかりました。

多くの人は、恐れを見たくないため、質問で浮かんできそうになっても「これは違う」と否定し、しまい込み、「認知」するところまで至らないのです。

だからこそ、ネガティブ感情の本丸の「恐れ」の正体を理解することができたら、現実は大きく変わるでしょう。

「恐れ」の感情はどこからくるのか？

もしも、あなたが目標達成の障害になる「恐れ」の感情を持っていた場合、その恐れを手放すことで、目標達成の実現がぐんと高くなります。

動けない人は、何かに恐れているから動けないし、怖いからできないのです。

では、いったい何を恐れているのでしょうか？

①他人の批判を恐れている

「攻撃されるのではないか、否定されるのではないか」

この恐れを持っていない人は、あまりいません。

恐れていないとしたら、開き直っているのでしょう。他人の批判を恐れていると、ずっと頭のなかにそのことが残ってしまいます。

「いい人」は、他人の批判を常に恐れています。もしもあなたが、常に他人の批判と戦っているのであれば、あなたは「いい人」なのでしょう。

②「自分が何かに恐れている」という状態への恐れ

「恐れる自分が許せない」

このタイプの人は、自分のなかでぐるぐるとこの意識をまわしてしまっています。

そして、そんな自分を許せないのです。

③いままで見ていなかったものを見る恐れ

「何が起きるかわからない、予測ができない、不安だ」

という気持ち。コロナ禍の生活は、まさに何が起きるかわからないこの状態です。

④「わからない」ということへの恐れ

「何が起こるかわからない、予測ができない、不安だ」

これは、わたしのもとを訪れる人に多い傾向があるのですが、

「わからない＝ダメなこと」

と考える人がいます。

「わからないことはよくない」

と考えている人は、真面目な人です。

ほかにも、

「わからないことがわからない」

という恐れを持っている人もいます。

わからないことで困ると思っていて、そこに対する恐れがあるのです。

⑤「本当（本来）の自分」を恐れている

「本当の自分を出したら、いまの平和な日常を破壊してしまうのではないか」

「自分は非常にひどい人間なのではないか」

「すごい自分を、人は恐れている」

という思いを持っている人もいます。


優秀で素晴らしい自分であることを恐れている人の背景には、いろいろな理由があります。いい自分を出してはいけないと思う気持ちを持っている人は意外と多いのではないでしょうか。

あなた自身も、

「思いっきり全力を出すと大変なことになる」

と思っていて、できないことはありませんか？

このように、**「恐れは何か」と問いかけて見ていくと、いろいろなことがわかります。**

恐れはネガティブの根っこにあるものです。

ここに触れることができたら、現実を大きく変えていくことができるのです。

「愛」が「恐れ」や「欲」をつくっている

「愛」は、すべてにつながっている圧倒的なもの

「愛」と「恐れ」を対立したものだと思う人が多いのですが、それは間違っています。
「愛」はそんなに小さなものではありません。「愛」はすべてです。
もしも「愛」と「恐れ」が戦ったならば、何度戦っても「愛」が勝ちます。
比べものにならないぐらい、「愛」は圧倒的なものなのです。

「恐れ」と対立するものは「欲」です。
そして、「愛」が「恐れ」と「欲」をつくっています。
つまり、**「欲」は「愛」であり、「恐れ」も「愛」なのです。**

恐れを深めることは、愛を深めることにもつながっています。

ですから、わたしは
「もっと恐れてもいい」

「もっと怖がっても大丈夫」

と伝えているのです。


「恐れ」と「欲」は、人によって感じやすいものに差があります。

もしも、「欲」よりも「恐れ」を感じやすいのであれば、「恐れ」のほうから理解していけばいいのです。

「欲」を感じるほうが得意であれば、そちらをもっと感じたらいいのです。

得意なほうで、「愛」を感じましょう。


最初は「恐れ」も「欲」も、見ていくことが怖いかもしれませんが、どちらも根本にあるものは「愛」ですから、本当は怖いものなど何もないのです。

恐れはどうして存在するのか？

先ほども触れましたが、ストレスクリア®心理学のセッションを行ってきて、

「わたしは○○が怖いです」

と言える人を、ほとんど見たことがありません。


人は、怖いものは見たくないもの。見たくないからこそ「認知」できません。

ネガティブなことについての話はできても、「恐れ」のことを話せる人がほとんどいないのは、恐れについて、正しく認知していないからです。

軽い恐れなら出てくることがありますが、自分で隠している本当の「恐れ」を自覚している人に、わたしは出会ったことがありません。

それほど、「恐れ」とはネガティブのなかのラスボスにあたる存在なのです。


そもそも、「恐れ」という感情は、どうして存在すると思いますか？

じつは、恐れている人ほど強い思考を持っています。

怖いからこそ、思考でごまかして理論武装をして、見ないようにしているのです。

「恐れという感情は、どうして存在すると思いますか？」

という質問を通じて、気づくことがたくさんあるでしょう。

このように、思考の裏には強烈な恐れが存在しています。そして、

「わからない」

という状態の奥に、驚くほどの恐れが隠れている場合があります。

その苦しみから逃れるために、人は

プロのコーチ、カウンセラー、セラピストも学ぶ
ストレスクリア®7days オンライン講座
1日目 なぜ、あなたの悩みは解決しないのか？
2日目 ポジティブ思考があなたを追い詰めてしまう理由
3日目 「やらなきゃ」でも「できない…」原因
4日目 悩みや課題への、5つのメンタルメソッド
5日目 成功者の法則「すべてはあなたが選択している」
6日目 あなたは"あなた"のままでいい
7日目 何があっても上手くいく環境を身につける方法とは？
ストレスクリア®動画講座はこちら
https://bit.ly/3GdRZ3J

「わからない」

と言って目を背けているのです。このことに気づくだけでも自分がゆるみ、大きな変化を感じることができるでしょう。

怖さを自覚し、理解することができれば、大きな変化が起こる

たとえば、のめり込みすぎてしまう傾向があり、それに怖さを感じている人の場合。のめり込むと制御できず、自分で自分を管理できなくなってしまいます。

これまでそれを何度も繰り返しているので、

「またそうなるのではないか…」

という怖さを持っているのです。

それはとても怖いことですが、自覚できていることはとてもいいことです。

この場合、自分のペースでゆっくり、無理なく理解を進めていくと、現実が激変するでしょう。

また、これまで孤独感を感じることがなく、

「孤独で何が悪いの？」

とすら思っていた人が、本当は孤独になることをものすごく怖いと思っていること
に気づき、その事実にとても驚いたというケースもあります。

この人は「欲」と「恐れ」がともに「愛」なのだとわかったことで、孤独の怖さから逃げていたのだということに気づくことができました。

恐れは人生の目的に直結している

人は「恐れ」からどうやって逃げているかわかりますか？

答えは、感じないようにする、です。

多くの人がこれをしています。だからこそ、恐れを聞いても
「とくに何もない」

と答える人が多いのです。

自分が何を怖がっているのかを言える人は、自信がある証拠。
何を恐れているかがわかると、本当の自分に近づくことができます。
自分が恐れていることは、人生の目的に直結しているからです。

もしもあなたが、自分の夢や目標がよくわからないと思っているのであれば、勇気を出して自分が恐れていることに目を向けてみてはどうでしょうか。
ただ漠然と何かを怖がっているだけでなく、恐れの正体を知ることで、人生をどんどん変えて、しあわせになっていきましょう。

人やモノからどんな印象を受けるかは、自分の心の状態次第

相手を通して、自分の嫌なところを見ている

自分の悪い面を認めたくないとき、ほかの人間にその悪い面を押しつけてしまうような心の働きのことを「投影」といいます。

一般的には、悪い面の投影をすることが多いのですが、よい面に対しても、投影は起きています。

嫌いだった人物が、

「じつは自分の否定的で認めたくない面を体現していたなんて…」

というように、投影は日常生活のなかでよく起こっているものです。

また、過去に高圧的な人から散々な目にあったという過去が映し出されて、高圧的な人に嫌悪感を抱くという投影のケースもあります。

「投影」を行うと、人は安心する

投影は心理学でいう「防衛機能」のひとつで、投影を行うことで、ひとまずの安心感を手にすることができるといわれています。これはどういうことでしょうか。

投影には、モノへの投影と、人への投影の2種類があります。

・モノへの投影

同じ夕日を見て…

Aさん「悲しそうな夕日だな。切なくなる」

Bさん「本当にロマンチックな夕日だな。心が熱くなる」

・人への投影

Yさんという人物を見て…
Aさん「すごく怖そうな人。なるべく近寄らないようにしよう」
Bさん「とても温かそうな人。できれば友達になりたい」

このように、同じ人を見てもまったく違う印象を受けるのは、自分の内面を投影する面を持っているからです。

人は、自分のシャドウを投影した人を悪者にしてしまう

投影というのは、ひとつのものの見方です。

人間は、よいものと悪いものという二面性を持った存在です。

悪や弱さ、自分の信条に反することは、つい心の奥のほうに押しやろうとしてしまいがちです。

でも、そういった表に出せない面は、押しやったからといって消えるものではありません。

いつまでも消えない、心のなかのシャドウ（影）として残っていきます。
このシャドウというのは、多くの人にとって
「その存在を認めたくない、許しがたい」
というものです。

そして、このシャドウが刺激される他人に出会ってしまった場合、**実際は自分自身の内面にそのシャドウがあることに気づかず、「あの人（シャドウを投影した人）が悪い、自分は悪くない、自分は正しい」と正当化してしまう**のです。

シャドウの投影＝隠した自分のネガティブ感情の現実化

自分自身にとって認めたくない、弱さや負の部分を他者に投影することを、ユング心理学では自分の心の「シャドウ（影）の投影」と呼んでいます。
ユング心理学では、影を否定するのではなく、それを自分の一面として認識し受容

することで、もっと大きな「大いなる自己」を成長させるきっかけにすることができるといわれています。

自分のなかの認めたくない部分を投影するという原理を、ストレスクリア®心理学では「隠したネガティブ感情が現実化する」という言葉でお伝えしています。

隠していたネガティブ感情が消えたら、いま目の前で起こっているよくない現実も消えます。

シャドウにもいろいろな生かし方があるので、これから紹介していきましょう。

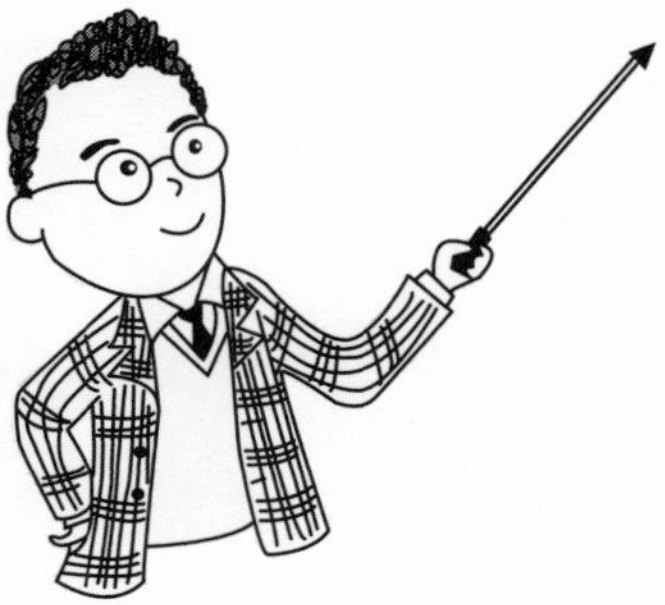

シャドウを、現実を変えるきっかけにする

繰り返しわいてくる否定感情や嫌悪感に向き合ってみる

自分の内側にあるシャドウをうまく扱えるようになるには、まず、心の状態を知るということが大切です。**自分が「人」や「モノ」をどのように見ているかに注意を払って、自分の心の状態に気づけるようにしましょう。**

ストレスが溜まってしまう前に気づけるようになると、気分転換もできます。

また、自分の話す言葉を注意深く観察することでも、自分の心の状態を知ることができるでしょう。

モノを見るときには、

「こんなふうに思うということは、自分の内面がこうなっているんだ」と、心の状態、抑圧した感情を知るために生かしましょう。

繰り返しわいてくる嫌悪感や、否定的なとらえ方を観察することで、自分の抑圧された感情がどんなものなのか、わかる場合があるのです。

とくに繰り返す否定感情や嫌悪感は、完全にその感情を抑圧しているということ。大変でも、その感情に向き合うことで、自分の課題を抽出し、より大きな人間的成長をするきっかけにすることができるでしょう。

たとえば、

「すぐ怒る人は嫌いです。消極的な人を見るとイライラします」

という人の場合。すぐ怒る人が嫌いということは、あなたのなかにいる「すぐ怒る人」を抑圧しているということ。

消極的な人を見るとイライラするということは、自分のなかの消極的な部分をあなた自身が許していない、ということです。

「あなたが憧れる人＝あなた」。ポジティブな面も投影されている

ネガティブな部分だけでなく、ポジティブな部分も投影されます。たとえば、

「とても素直な人だなあ」

「感性が豊かですね」

と思うということは、自分がそういう人だということのあらわれでもあるのです。

「感性が豊かな人で素敵だな。いいな」

と思う人は、自分のなかにも同じものがあるととらえてみてください。

「あなたが憧れる人＝あなた」です。

憧れる人がいるのは、あなたのなかにもそういう面があるからなのです。

そう考えると、一気に希望がわいてきませんか？

人それぞれ憧れる人が違いますが、自分の内面にそういうところがあるという投影なのです。

「とても優秀で活躍する素晴らしい自分を、人はもっとも恐れている」

これはネルソン・マンデラの言葉です。**人は自分のなかにある、素晴らしい面を出さないように抑圧していることがある**のです。ですから、

「あの人は素晴らしい」

と感じるときには、

「でも、わたしには到底できない」

と抑圧するのではなく、

「自分のなかにもある、抑圧している部分なんだ」

ととらえてみましょう。自分の投影から、自分の心の状態を知ることができます。

自分の心の状態を理解すると、身体の不調も治る

自分の考え方が、目の前の現実だけでなく、身体にも影響を及ぼすことがあります。

以前、身体中に痛みを感じていた人とセッションをしたときのことです。

「傲慢な人を許せない、大嫌い。だからいままで全部叩き潰してきました」

と話してくれたことがありました。ちなみに、女性です。

「わたしには、あなたも傲慢に見えますよ」

と伝えると、本人もそれを自覚していました、

「もし、傲慢なあなたが目の前にいたら、どうしますか？」

と聞いたところ
「叩き潰します」

と返ってきました。彼女は、自分で自分を叩き潰すと思っていたのです。そのとき
「だから身体に痛みがあるんだ」

と気づきました。

後日談ですが、驚くことに、**許せない自分を自分で傷つけていたということに気がついたことで、時間がたつとともに身体の痛みが消えていった**そうです。
話をするだけで痛みが消えるなんて、摩訶不思議な話ですよね。ところが実際には「投影」を理解するだけで、目の前の現実を変えていくことができるのです。

投影は、自分のなかに隠れている面を教えてくれている

人は自分を守るために、嫌な自分を隠してしまう

投影をしている心のなかをたとえるとすると、お城の部屋に許せない自分を押し入れて、鍵をかけているような状態です。

たとえば

「どうしてもこんな人は許せません！」

と思う人が目の前にいたら、相手を叩いてしまうかもしれない。

もし、**そんな自分が表に出てしまったら、自分もまわりから袋叩きにされてしまうかもしれませんよね。**

だからこそ、絶対に表に出てこないように
「あなたが前に出ると大変な目にあうよ」
と死ぬまで閉じ込めてしまうのです。

なかには、子どものときに親にひどく叱られた経験から、叱られるような自分が出てこないように、心の奥深くの部屋に入れて鍵をかけ、「いい人」を演じているのかもしれません。

人のなかには「いろいろな自分」が存在しているので、残った人たちで無理やり「いい人」を演じていこうとします。

投影は、そういった心の状態を、嫌な人があらわれるという方法で教えてくれているのです。

自分を守るために、目立つ自分を隠す人もいる

親に叱られてしまったことが原因で、目立つ自分を隠しているというケースもあります。

子どもの頃に親に叱られた体験の記憶が残っていると、いい行動か、悪い行動かは関係なく、自分を出してはいけない、人より目立つといけないと感じてしまう人もいます。

「投影」は他人を変えることに使わない

投影の使い方で注意してほしいのは、

「あなたはこういうところがダメだよね」

と人から指摘されたときに、その人に対して投影の話をしないということです。

たとえば上司から
「お前は遅刻して何をやっているんだ。しっかり仕事をしろ」
と言われたときに
「それはあなたの投影ですから、あなたがしっかり仕事をしたほうがいいのでは？」
というように返してしまうと、とんでもないトラブルになるでしょう。
本人としては、学んだことを言っているだけなのですが、言われたほうとしては
「なんて失礼な人なんだ！！！！」
と、腹が立ってしまいますよね。

投影の考え方を人に対して向けるとトラブルの元になってしまうので、あくまでも自分に対して使うことをおすすめします。

人が動けなくなってしまう理由

どちらを選んでも嫌な結果になるとわかっているとき、人は動けなくなる

人は、動けなくなっているとき、「ダブルバインド」という葛藤状態に陥っている場合があります。**ダブルバインドとは、日本語でいうと「二重拘束」という意味で、心理学者のグレゴリー・ベイトソンが提唱**しました。

たとえば、いたずらをした子どもが、親に「怒らないから、どうしてこんなことをしたのか言いなさい」と言われたので、正直に話したとします。

でも、話した結果、叱られてしまった…ということはよくある光景でしょう。
このとき親のメッセージには
「指示に従っても、従わなくても怒られる」
という矛盾があります。そのため子どもは混乱し、どう行動したらいいのかわからなくなってしまうのです。

ダブルバインドは、

「AもBも選べない。でも葛藤状態からも抜け出せない」

という状況のため、葛藤状態が無限にループし続けてしまいます。そのため、非常に強いストレスになるのです。これは統合失調症の原因のひとつともいわれています。

ただ、**思考から生まれたものは、思考を変えることで解決することができる**のです。


人は普段、二極で物事をとらえています。

どちらが「優れているか・劣っているか」「正しいか・間違っているか」「勝っているのか・負けているのか」などです。

一見、当たり前のように思えるこの思考の構造が、物事の解決を非常に困難にしていることがあります。

人は物事を二極化してジャッジしている

「問題を解決するには、問題が発生したのと同じ理論では決して解決することはできない」（アインシュタイン）

この言葉をヒントに、ダブルバインドについても、実例をあげながら、どのように解決の糸口を探すのかを紐解いていきましょう。

①精神的に落ち込んでいる

精神的に落ち込んでいる人が陥りやすいダブルバインド。

「元気でなければいけない」

「でも元気になれない」

↓精神的に落ち込んでいることによって得られるメリットを理解する

↓元気になったら困る理由を探る

②売り上げに伸び悩んでいる

営業の人が陥りやすいダブルバインド。

「売り上げを上げなければならない」

「でも売り上げが上がらない」

↓売り上げを上げないことによって得られるメリットを理解する

↓売り上げが上がることで困る理由を理解する

③「やらなければいけない」という葛藤を抱えている

行動がストレスになって動けなくなるダブルバインド。

「やらなければいけない」

「でもできない」

↓できないことによって得られるメリットを理解する

↓できてしまうと困る理由を理解する

対話例1　訪問営業が苦しいと思っている営業マンのケース

訪問営業をすることに苦手意識を感じている営業マンとの対話例を紹介します。

クライアント：訪問営業ができないのです。
コーチ：訪問するとどうなると思っていますか？
クライアント：断られるのではないかと思います。
コーチ：断られると困るのですか？
クライアント：断られるのが怖いのです。
コーチ：何が怖いのでしょうか？
クライアント：断られると自信がなくなっていくのです。
コーチ：なぜ、自信がなくなっていくと困るのですか？
クライアント：もともと、自信がないからです。
コーチ：自信がないのになぜ営業職を選んだのですか？

クライアント：自信をつけたくて営業職を選んだのです。
コーチ：どうして、自信をつけたいのでしょうか？
クライアント：自信のある自分になって成長したいからです。あぁそっか。成長したいから自信をつけるために、あえて苦手な営業職を選んでいたことを忘れていました。

「対人関係に自信をつけたいから」という理由で営業職や接客業を選ぶ人は意外と多いものです。その結果、もともと苦手であるため、苦労します。

多くの人は、そこで立ち止まって悩んでしまいがちです。

ただ、その奥には対人関係を克服したいという思い、自分を成長させたいという思いが隠れています。そこに気づいたとき、不快だった苦労が、成長エネルギーに変わっていくのです。

対話例2　子育てに不安を持っている人のケース

家族に怒る自分を見たくないので、家庭を築きたくないという気持ちがゆがんで、

「自分には子育てができない」

と思ってしまっていた人との対話例を見てみましょう。

コーチ：なぜ、子育てができないと思っているのですか？
クライアント：ただの妄想かも。
コーチ：そこに何があるのですか？
クライアント：怖い。
コーチ：何に対する恐怖ですか？
クライアント：自分か子どものどちらかが不幸になってしまうかも…。
コーチ：なぜそう思うのですか？
クライアント：育った環境が…。
コーチ：そこにどんな思いがあるのですか？
クライアント：家族でいるしあわせが一瞬しかなかったのです。
コーチ：そこにどんな思いがあるのですか？
クライアント：家族に怒ってキレる自分が怖い。

コーチ：そんな自分をどう思いますか？
クライアント：そんな自分を見たくない。

子育てしたくないという人は、とても厳しく育てられていて、親に対して不快感情を持っている場合があります。

そのため、自分が子どもを持ったら、子どもを虐待してしまうかもしれない。そんな自分を見たくない。子どもに対してひどいことをしてしまうのではないか…と思ってしまうのです。

これはそれほど珍しいことではありません。だから結婚したくないという人もいるくらいです。

このように、**ダブルバインドは、その人のなかにある深い葛藤がある場合に起こります。**

3
章

悩みが消える
12の法則

自己肯定感について知っておこう

自己肯定感の3階層を知る

自己肯定感という言葉を、よく耳にするようになりましたね。

自己肯定感とは、自分を積極的に評価できる感情、自分の存在意義を肯定できる感情などを意味する言葉です。次のような言葉は、自己肯定感をあらわします。

・自尊感情…他人の評価ではなく、自分で「自分は価値のある人間だ」と思えること
・自己存在感…自分の存在意義や存在価値を自分で認められる感覚のこと
・自己効力感…ある目標に対して「自分ならできる」と認知していること
・自己重要感…自分自身を尊重し、大切だと認めている感覚のこと

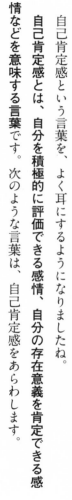

これらは共通した概念であり、同じような意味で使われるので、ストレスクリア®心理学では

1　心の安全基地
2　自尊感情
3　自己効力感

という3階層で、自己肯定感のことを説明しています。

自己肯定感は、このように、下から順に形づくられていきます。

この3階層を積み上げることで、自己肯定感が育まれ、悩まない自分になっていくのです。

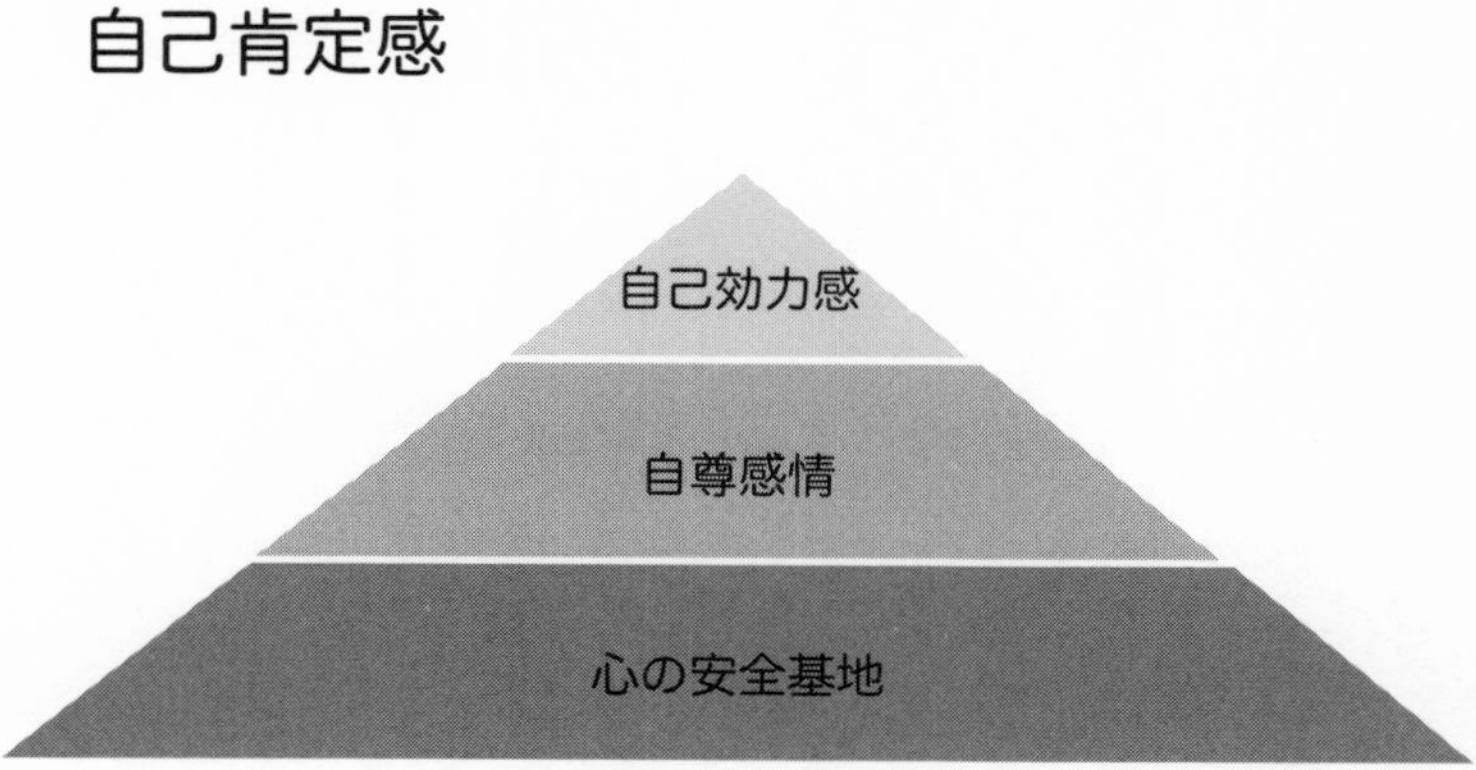

Copyright©JSPA 2021 All Rights Reserved.

心の安全基地を持つ

心の安全基地がない人は、欠乏欲求を感じやすい

「自分は満たされていない」という欠乏欲求は、「心の安全基地」がないことが原因で生まれるといわれています。

心の安全基地とは、自分が無条件に受け入れられる場所、幼い子どもが保護者に安心を保障された環境のことで、1982年にアメリカ合衆国の心理学者であるメアリー・エインスワースが提唱しました。

親との信頼関係によって心の安全基地が育まれた子どもは、心の支えとなる環境があることで、外の世界に好奇心を向け、探求することができるようになるのです。

つらい境遇や危険を感じたときも、心の安全基地に戻ることで、困難を乗り越えることができるといわれています。

このように、心の安全基地はとても大切です。

子どもの頃に心の安全基地が育まれたどうかが、大人になってからの心の安定感にも影響するからです。

ただし、両親や周囲の人たちといった他者に心の安全基地を求めると、本物の心の安全基地を得ることはできません。

真の心の安全基地は、自分の内側で築かれるものです。ぜひ

「自分自身が心の安全基地なんだ！」

という発想を持ちましょう。

心の安全基地と自尊感情の関係性を知る

自尊感情には恐怖を打ち消す効果がある

心の安全基地が保障されたときに、人は自尊感情と呼ばれる感情を味わいます。
では、自尊感情とは、どのような感情なのでしょうか?

自尊感情とは、他人の評価ではなく自分で
「自分は価値のある人間だ」
「自分自身が好き」
と思える感情のことです。

自尊感情が低いと、他人からの賞賛や批判に左右されやすく、自尊感情が高いと、それほど振りまわされることなく安定していられるといわれています。

困難な状況に置かれたときには、自尊感情が低いとすぐにあきらめてしまいがちですが、自尊感情が高いと、くじけずにやり遂げたり、新しいことへ積極的に挑戦することができるという傾向もあります。

これは、心の安全基地が確立されている人にもいえることです。

「あるがままの自分」を受け入れると、自尊感情が高まっていく

では、自尊感情を身につけていくには、どうすればいいのでしょうか?

それは、世間の常識からくる条件つきの承認に振りまわされないことです。

人の評価や善悪の判断や成果結果に左右されない、無条件の肯定感を得ること。

つまり、あるがままの自分を受け入れることです。

そのためには、**まず安全安心の環境に身を置き、自己理解を進めて、変化していくことが大切**です。

これまでに多くの人との対話を重ねるなかで、自尊感情を高められる人が6つのステップを踏んでいることがわかりました。

自尊感情を高めたい場合には次のような流れを意識してみてください。

1　安全安心の環境に身を置く
2　自己開示をする
3　人との相互理解を進める
4　自己理解を進める
5　自分の本当の望みを知る
6　成長プロセスを楽しむ

自己効力感が上がると、夢が叶い、仕事もうまくいくようになる

自尊感情が身について、心の安全基地が満たされてくると、本来の自分の力を発揮できるようになります。その段階になると、自己効力感が重要になってくるでしょう。

自己効力感とは、カナダ人の心理学者アルバート・バンデューラが提唱したもので、ある目標に対して、自分ならできると認知している状態を指します。

人は、自分の考えや感情や行動を、自己効力感を使ってコントロールしているのです。

夢実現や願望実現には、自己効力感がとても影響しています。

自己効力感が上がらなければ、仕事もうまくいきません。

本当に自己効力感が上がっているのかどうかを確認するバロメーターとして、仕事の調子を見ると、とてもわかりやすいでしょう。

本当の意味で自己効力感を上げるには、人のことを理解したり、人にやさしくするというように、人とよりよい関係性を築くことが欠かせません。

ですから、**仕事で人と関わり、うまくいく人は、どんどん自己効力感が上がっていくのです。**

自己効力感を上げることと目標の実現をセットで動かしていくことで、継続して成果を出し続けることができるでしょう。

自己効力感が上がると、しあわせ度数も上がる

ネガティブな部分を受け入れると、自己効力感はさらに上がる

自己効力感が高まれば高まるほど、目標を達成しやすくなります。
恐れを持っている部分を見つめると、現実が変わりやすくなるので、
「〇〇なところがあるから、わたしはダメなんだ…」
と感じているところを直視すると、夢や目標が達成する確率はグッと上がります。

自己効力感を上げるには、自分の内側に心の安全基地を持ち、自尊感情を高め、自己効力感を上げるという流れがもっとも効果的です。その流れのなかでネガティブな自分が出てきても、正しく理解して受け入れるだけでいいのです。

また、自己効力感を上げるには、自己開示することも大切な要素です。たとえば、

「わたしはこれだけ最低最悪な人間です」

と話す姿が、意外と周囲に受け入れられたりするものです。

ネガティブな話には臨場感と真実味があるため、気持ちが伝わりやすくなりますし、**ダメだと思っていた自分のことを人に認めてもらえると、自尊感情も上がる**のです。


「ネガティブな自分はダメだ」

という恐れから、

「ネガティブな自分のほうが素晴らしい」

とわかったとき、すっと恐れの気持ちが消えていきます。

ネガティブがダメだとジャッジしていた自分がいなくなるからです。

自己効力感を上げるには、ネガティブな自分を受け入れ、そんな自分のことも人に打ち明けられる（自己開示）ようにしたいですね。

うまくいく人は、ゴールに合わせて自分を変えていく

目標達成のためには、まずゴールを固定する

目標を達成できるようにするには、まず、叶えたいゴールをコロコロ変えたりせず、固定することです。

ゴールを固定すると、いまの自分を変えていかなければいけません。

また、ゴールを叶えるためには、どんなふうに進むかという過程も変えてOKです。

例をあげて説明しましょう。

●自分は変えず、ゴールを変えてしまう例

「カウンセラーとして成功する」がもともとのゴール↓いまの自分は起業のアドバイ

スを聞いても素直に実行せず、自己流で取り組む↓うまくいかない↓マッサージ業に手を出す↓健康器具に手を出す↓もともとのゴールが変わってしまう

●ゴールが固定されていて自分を変えていく例

「カウンセラーとして成功する」がもともとのゴール↓ゴールを達成するためにアドバイスを受け入れて体験セッションをはじめる↓カウンセリングの記事をSNSに投稿する↓知人に悩んでいる人を紹介してもらう

2つの例の違いがわかったでしょうか?

ゴールに向けて、その場その場で自分を変えていく。

これが一番早く目標達成をするための流れです。

一方、**うまくいかない人は、いまの自分に固執してしまいます。**

そのため、いまの自分を変えようとせず、ゴールをコロコロと変えてしまうのです。

残念ながら、これではいつまでたっても目標を達成できません。

ゴールと自分を、ひとつの「想い」でまとめて考える

ゴールを固定して自分を変えていくことで、うまくいくようになるのですが、自分を柔軟に変えるということがなかなか難しいという人も多いものです。

では、いち早く目標を達成するには、どうすればいいのでしょう？

第三の方法は、いまの自分とゴールを一緒にすることです。

あなたが一生かけてやりたいこと、大切にしたい想いは何でしょうか？

それを洗い出すことが、いまの自分とゴールを一緒にすることにつながります。

自分にとってとても大きな価値観にあたるものなので、そこが守られればやり方を柔軟に変えることはいとわなくなります。

つまり、**大切なあり方の部分は変えないまま、やり方を変える**ということです。

でも、それが理解できていないと、やり方にこだわるあまり、こうありたいという本来の自分を見失ってしまったりするのです。

「いまの自分とゴールが同じである」という例として、イチロー選手と、ザ・ブルーハーツの甲本ヒロトさんの言葉を紹介します。

○イチローの言葉
できるからやる
できないからやらない
ではなく
やりたいからやる

○甲本ヒロトの言葉
バンドをやってお金持ちになるのが成功
ではなくて
バンドをやる

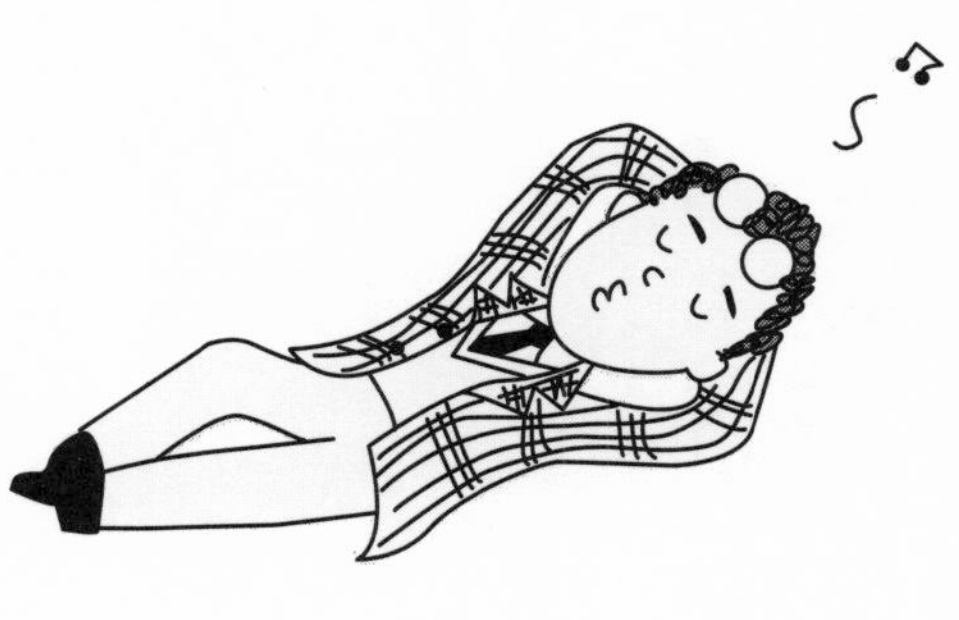

それだけで成功
発狂するくらい感動したことを、
ただ楽しんでやるだけ
最終目的がバンドだったら、
それは絶対間違いない
成功する
何かのための手段ではなく、
バンドが目的だって確信できたバンドは、
成功して金も入る

いまの自分とゴールが同じというのは、
このような状況のことです。
なんとなく、理解できたでしょうか？

いまの自分とゴールを「大切な想い」でつなげる

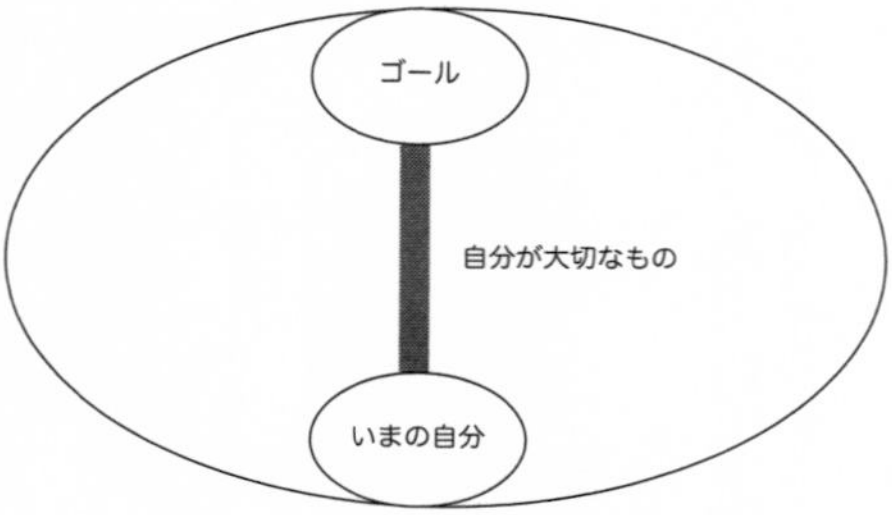

・やり方は柔軟に変えられる
・やりがいを持って取り組める

・自然とうまくいくようになる

いつもうまくいくことばかりに こだわらない

麻雀が歓ぶことをしていれば勝てる

うまくいかなくなることを恐れる人は多いのですが、**そもそもいつでもなにもかもすべてうまくいくことを人は望んでいるわけではなかったりします。**

麻雀のプロの櫻井章一さんは、

「どうやったら麻雀に勝てますか？」

と聞かれたときに、

「麻雀が歓ぶことをやれば勝てますよ」

と答えたそうです。わたしはこれを聞いて、なるほどと思いました。

麻雀は「運」を運ぶゲームです。順番がまわってきて、それを何周か繰り返すゲームなのですが、すべて自分が勝ってしまうと、麻雀は歓びません。

極端な勝ち方をすると麻雀は歓ばず、勝ったり負けたりすると麻雀が歓びます。

「麻雀の神が歓ぶことをやろう」

と考えたほうがわかりやすいかもしれません。

福岡ソフトバンクホークス会長の王貞治さんも、大病を克服した退院会見の際に、

「また選手たちと、勝利の歓びや負ける悔しさを味わいたい」

と発言しました。負ける悔しさがあるから野球は楽しい、かならず勝つ試合はおもしろくないということです。


100%いいことばかりの場合、人生は歓びません。

紆余曲折がほどよくあること、ときには勝ったり負けたりすることを、本来人は望んでいるのです。

ですから、いつもうまくいくことばかりにこだわらないようにしましょう。

感情への理解を深めれば執着が消える

執着が消えれば現実が変わる

ここでは、悩みが消えない大きな原因となる「執着」について、お話しします。お金のことを例にあげましょう。

あってもなくても一緒だと思えると、お金は自然と入ってきます。

反対に、お金がないと苦しいという気持ちを持っていると、お金が入ってこなくなるものです。それくらい、**執着心はお金の出入りに大きな影響を与えています。**

「お金が入る歓び」より、「お金がない苦しみ」「損したくないという気持ち」が強いと、いつまでもお金のブロックが取れにくくなり、結果として苦労します。

まずは、お金に執着している感情を理解して、受け入れていきましょう。

これは、

「何かを思い通りにしたい」

という気持ちの場合も同じです。

思い通りでも、そうでなくてもどちらでもいいと思えるようにすることです。

「目標を達成していることも、していないことも、目標達成していることと同じ」

という感覚もいいでしょう。これは、勝ち負けも同じです。

「勝っても負けても、どちらでもいい。どちらも同じ」

という感覚を持ってみてください。

さまざまな執着を手放すことで、悩みは消え、いつのまにか希望が叶いやすくなりますよ。

焦点をずらせば執着が消える

結果にこだわる自分を手放す

「結果を出すこと」も「執着」も、手放して気にしなくなると、ほしいものがすっと手に入るようになります。当たり前のようにほしいものを手に入れられるようになりたいなら、「結果を出すことへの執着」を手放してしまいましょう。

それには、結果を出すことに向けている「焦点」をずらせばいいのです。

たとえば、**「結果」ではなく、「生きている歓び」のほうに焦点をずらせば、ほとんどのことは気にならなくなります。**

売り上げが上がろうが下がろうが、人から好かれようが嫌われようが、思い通りになろうがなかろうが、「生きている歓び」は常にありますよね。

生きている歓びに焦点を当てるだけで、すっと執着が消えます。

もうひとつは、本当の自分の歓びに焦点を当てることです。たとえば人によっては異なりますが、

・わが子の寝顔を見て「愛おしいな」「この子の笑顔を守りたいな」と思う気持ち

・困っている人の力になれたときに「人の役に立てたな」「生きていてよかったな」と歓びを感じる

といったことです。**本当の自分の歓びに焦点を当てることで、執着が消えます。**

結果として、自然体の自分で取り組むことができ、しあわせを感じながら物事がうまくいくようになるので、とてもいいですよね。

「なりたい」より「ありたい」という発想でいる

「こうなりたい」ということに焦点を当てすぎると、人は苦しくなります。

どんな自分で「ありたい」ですか？

どんな未来で「ありたい」ですか？

どんな自分に「なる」ではなく、「ある」かが大切です。
「こうなりたい」より、「わたしはこうである」ほうが叶うからです。
「なりたい」ということは「いま、そうではない」ということ。もっと言うと
「わたしはいま、うまくいっていないから、うまくいくようになりたい」
という状態では
「うまくいっていない」
というところに焦点を当ててしまっていることになるので、この状態を一生懸命ひっくり返そうとしても難しいのです。

それに対して
「こうありたい」

というのは、いまこの瞬間から実現できることです。

「自分がこうであれば、未来も当然こうなっている」

と自然ととらえられるので、できていないことに焦点を当てることになりません。

結果、実現することが容易になるのです。

自分をつくるのは自分自身

自己イメージが現実をつくる

「自己イメージ」とは、自分の意識をどうとらえているのかということをあらわす言葉です。自己イメージは、現実化に大きな影響を及ぼします。なぜなら

「わたしはこのような人間だ」と思っていることそのものが現実になりやすいからです。

たとえば、

「わたしは自信のない人間である」

と思っていれば、自信がない現実が引き起こされます。

「わたしは素晴らしい人間である」

と思っていれば、素晴らしい現実がやってきます。

「わたしはお金に恵まれる人である」

と思っていれば、お金に恵まれる生活になります。

もし、

「わたしはお金に困らないと思っているのに、お金に困っています」

という状況なら、本心では
「お金に困る人間だ」

と思っているということ。ですから、自己イメージはとても大切なのです。

「当たり前」を保とうとする働きを知る

人間は「当たり前」の状態を保とうとする、恒常性維持機能というものを備えています。

なぜ夢が叶わないのでしょうか。それは、当たり前の状態に戻そうという働き（恒常性維持機能）が起こって、いまの自分に戻ってしまうからです。

たとえば、平熱が36・5℃の体温なのに、38℃になったら、ものすごい勢いで身体が36・5℃に戻そうとしますね。これが当たり前の状態を保とうとする力です。

当たり前の状態を保とうとする動きは、意識や思考を超えた、本能からくる動きなのです。

「当たり前」に戻そうとする力は大きい

売れる営業マンは、「売れる自己イメージ」を当然のように持っています。

予算を達成していない月があったら、

「おかしい。なぜ達成していないのか。達成しない自分は見たことがないぞ。達成するに決まっている」

と思い、すぐに売り上げを達成します。

「達成しても嬉しくはないけれど、達成するのは当たり前」

という感覚なのです。

一方、売れていない営業マンは、

「達成すると嬉しいな」

と思っています。**達成していない自分が当たり前だと思っているので、常に達成できるようになりません。**

ダイエットでも、痩せても何度もリバウンドする人には、「当たり前」を保とうとする力が働いています。たとえば、80kgの体重を75kgに減量したとしても、

「80kgの自分が正しい」

と思っていたとしたら、80kgに戻ってしまうのです。

「当たり前」の範囲を広げることで、悩みを消すことができる

同じように、いま「自信がない」と思っているのに、無理やり「自信がある」という状況に持っていこうとすると、すぐ元に戻ってしまいます。多くの悩みが解決しな

いのは、「解決しないのが自分」と思ったままでどうにかしようとするからです。

以前、ある営業マンにセッションをしたところ、目標を達成できている自分も、できていない自分も、じつはどちらも「自信をつけよう」という共通した目的に向けて営業にトライしていたのだということがわかりました。

このように、**「できない自分」と「できる自分」に分離していると思い込んでいたものが、「両方とも共通する大切なひとつの目的に向かっていたのだ。どちらも一緒なんだ」ということがわかると分離感が消え、「当たり前」が拡大される**のです。

そうなることで、悩みが消えていきます。

このように、自分の内面を正しく理解して受け入れることが、「当たり前の枠」を広げるということにつながります。

ゴール設定は「一生かけてもやりたいこと」にする

うまくいくゴール設定になっているか？

「ゴールに届かない」

「思い通りにならない」

と本心で思っていると、思い通りにならないことが現実となってしまいます。

これはもう、意志の力では、動かしがたいことです。

こんなときには、

「わたしは稼ぐことができる人なのに、なぜこれだけしか収入がないんだろう。おかしくないですか？」

というように、

「うまくいくはずのわたしがうまくいかないのは、おかしくないですか？」

と自分に対する定義を変えるほうが圧倒的に早いのです。

「うまくいっていない自分だからこそがんばろう」

という発想では変わりません。まずはここに気づいてください。

本心で思っていることしか叶わない

本心では無理だと思っているのに、無理に「こうなりたい」と叶えにくいゴール設定をしてしまう…。

この状況を変えるには、次のことを押さえたゴールを設定しましょう。

・一生かけてやりたいこと
・やり抜きたいこと
・大切にしたい想い

・たとえうまくいかなくてもやってみたいこと

これらは、自分にとって重要度の高いものにあたります。

心から望んでいるものが、浮き彫りになりやすくなるので、

「こうなりたいけど無理だろう」

という矛盾を防ぐことができます。


そもそも、設定したゴールは、あなたにとって本当に重要度が高いのでしょうか？

「なんとなくこうなりたい」

というくらいの重要度では、願いは叶いません。

本心から大切に思っていることが、実現しやすいのです。


とくに注目したいのは、**うまくいかなくても大切にしたいものであるかどうか**、ということです。

「うまくいったら大切にしたい」

「うまくいかなければいらない…」

という発想は、本心からの望みではありません。

この場合、ただ結果がほしいだけです。本心では大切だと思っていません。

取り組んでいることがすべて無駄になったとしても、結果がまったく出なくても大切だと思えることが、本心にあたります。

自分にとって本当に大切なものを見直そう

子どものことを例にあげて考えてみましょう。

「頭がいいわが子は好きだけど、頭が悪いわが子は嫌い」

という発想にはならないのではないでしょうか。

つまり、**大切かどうかということに、結果は関係ない**のです。

このケースと同じくらい、結果に関わらず大切に思えることをゴールに設定すれば、一気に叶いやすくなります。

お金を得ることをゴール設定にする人も多いのですが、お金より大切なものは、山ほどあります。人は思っている以上に、自分にとって大切なものをわかっていないのかもしれません。

まずは自分にとって大切なものをきちんと知る必要があります。

本音ではそれほどうまくいかなくていいと思っているとしたら、実現するわけがないのです。

わたしの場合、昔作成したテキストをいま見ても、まったく色あせないどころか、ますます輝きを増しているように感じます。それは、何十年たっても変わらない「本当に大切にしている想い」が込められているからだと改めて実感しているところです。

あなたが一生かけてしたいこと、やり抜きたいもの、大切にしたい想いは何ですか？

うまくいかなくてもいいのです。

その想いを大切にすることが重要なのです。

自分の人生をかけて叶えたいこととゴールをつなげると、叶いやすい

大切なものとゴールをつなげると、「手に入らない恐怖」に邪魔されない

これまでにも解説したように、**ゴールは、人生をかけて叶えたいこととつなげれば実現しやすくなります。**人生を船と海にたとえるとすれば、そもそも自分の船の流れの方向にないものは叶いません。

人生をかけてやり遂げたいことは、船が目指す終着点です。ですから、そこを押さえておくことで、やり遂げたいこととつながっているゴールも、必然的に叶いやすくなります。船が自然とそちらの方向に向かっているからです。

仕事やお金が必要な場合は、大切にしたいこととつなげると叶います。たとえば、

「子どもたちの世代にいいものを残したいから、◯◯のビジネスをしたい」

「◯◯を実現するためには、コストがこれくらいかかるから、収入を□□万円得たい」

など、自分にとって重要なこととセットで出すようにしてみてください。

ゴールは期限をつけて、具体的に決めるとスピードが上がる

叶えたいゴールは、できるだけ具体的にしましょう。

そのほうが、実現しやすくなるからです。

とくに期限は、今週、今月、年内など、なるべく数字にしてください。


ゴールが具体的になると、とてもわくわくするか、ハラハラ・ドキドキするかのどちらかの感情を味わうはずです。

「このゴールを叶えたいけれどドキドキする」

と感じるもののほうがおすすめです。

サラッとしたゴールではなく、葛藤が起こったり、とてもほしいと思ったりするような、感情が動くゴールがいいでしょう。

感情が動くということは、本心だということ。**本心のなかにある、ネガティブな感情とポジティブな感情の両方をフル活動させたほうが、ゴールが叶いやすくなる**のです。

感情が動くゴールと、人生をかけて叶えたいゴールに近いゴールと両方出してみることで、本当に望んでいるゴールが見えてきます。

○人がやっていないことなので大変苦労するかもしれないが、人類の進歩に貢献するような新しい価値を創造する仕事をしたい

○夫や子どもから応援されて家族をしあわせにしながら、多くの困っている人を救うコーチとして成功したい

こんなゴールを掲げたことで、イキイキと活躍している人たちもいます。

日々の生き方、取り組み方が変わってくるので、ぜひ出してみてくださいね。

悩みを消すには、過去を正しく理解して受け入れること

過去を理解すると、自分を信頼できるようになっていく

過去の自分を理解するということは、自分を突き動かしてきた、本当の思いを知ることにつながります。

問題は、いつも未来ではなく過去にあります。

過去の理解を深め、受け入れたとき、はじめて未来が叶うのです。

「過去よりも未来。未来志向が大切。ポジティブシンキングが大切」

と言っても叶わないのは、解消していない過去のネガティブな体験や思いを放置してしまっているからです。

過去を不幸に感じているままでは、未来をしあわせにはできません。

悩みに蓋をしてポジティブシンキングをしても、うまくいかないのです。

蓋をすると、蓋をしたことが現実になってしまいます。


過去の自分を見ようとせず、受け入れていないままでは、成功しても本当のしあわせを手に入れることはできません。

「あの頃の自分はこうだったんだな」

と過去の自分を理解することで、自己信頼感が高まって、いまも未来も、手にしたいものが叶うようになっていきます。

過去の自分を理解して、自分を信頼できる人は、しあわせに成功するのです。

たとえば、

「自分が苦労することで、生きている実感を得ている」

という人は、そのことに気づくと、

「自分のことが好きだから、苦労させてまでも自分を成長させたいんだ。ということは、安心して苦労ができるし、あえて苦労しなくてもどちらでもいい」

と思えるようになるのです。このように、

「苦労している自分が好きだったんだな」

と過去の自分を理解することで、自己信頼感が高まるので、現実を変えることができます。**成功する人は、自己信頼感が高い**のです。

過去を受け入れられると、未来への不安も解消される

過去を正しく理解して受け入れると、気分がとてもラクになります。

行動できない人も行動できるようになり、別人のように軽やかになっていくのです。

過去とゴールから理由を探し、

「なぜわたしは、そもそもこれをやりたいのか？」

「だからできるんだよね」

というところを見ていきましょう。

ゴールを目指す理由を考えてみる

「なぜわたしはこのゴールを達成したいと思うのか」
という理由を、過去にさかのぼって探ると
「あぁそうか」
と理解が深まっていきます。

それには、次のことを出してみてください。

- 過去からのやりたい理由
- 未来からのやりたい理由
- どちらも同じ理由
- 叶っても叶わなくても同じ理由

・過去：売り上げが上がらなかった
・未来：売り上げが上がった
・同じ理由：自分は売り上げよりもお客さまに歓んでいただくことを大切にしていた
・叶っても叶わなくても同じ理由：過去はお客さまに歓んでもらいたいので、ふさわしくない商品は売りたくなかった
未来はお客さまに歓んでもらえる商品をつくったので、売れるようになった
どちらにしても「お客さまに歓んでもらいたい」と正直に生きてきた自分は常にしあわせだったし、これからもしあわせなのは間違いない

・過去：自信がない自分を克服しようとがんばってきた自分がいる
・未来：自信がない人を救いたい
・同じ理由：自分を成長させるために、目標のハードルを上げて自信をなくしてまで自分をよくしたいという自分がいる
・叶っても叶わなくても同じ理由：目標のハードルを上げて自信をなくしてまで、自分をよくしたいと思っている自分は、過去にも未来にもいまにも、常に自分の人生

の中心にいて、「自分を大切にしたい」という願いは常に叶っている

出してみていかがだったでしょうか？

例にあるように、叶っても叶わなくても共通する価値観が潜んでいるはずです。この

「叶っても、叶わなくても一緒だよね」

と思えるものが出てきたなら、叶います。

「叶うと嬉しいけれど、叶わなければ厳しいよね」

と思うものでは、叶いづらいでしょう。

「叶っても叶わなくても一緒」という感覚が大切です。

叶わない恐怖がなく、抵抗もなく、ストレスがゼロの状態にしましょう。

少し難しいかもしれませんが、ぜひ４つの理由を出すクセをつけてみてください。

4
章

たった９分で「悩み」を消すワーク

悩みをコントロールできる、もっとも簡単な方法

自分の状態と目の前の現実を一致させる

本章では、実際に悩みを解消するための実践法を紹介します。

悩みをコントロールするためには、自分の状態と目の前の現実を一致させる必要があります。そのために、３つのポイントを意識していきましょう。

①自分の悩みの状態を知る

自分がいま何に苦しんでいるかということを認知しましょう。

これには、紙に書く方法がおすすめです。いま何が苦しいかということを言語化して意識することで、「問題」として扱えるようになります。

②自分を整える

自分の内面の思考・感情・感覚の連鎖を紐解くことによって、内面が整っていきます。思考・感情・感覚のそれぞれのプラスマイナスの要素がこんがらがった状態では、内面がぐちゃぐちゃになったままで、前へ進めません。

これらの絡まった糸をきれいに解きほぐすことで、内面がクリアになり整います。

そうすると、自分の目指すことが明確になり、悩みが消えていくのです。

③成功する自己操縦法を身につける

悩みが生まれたときに行う習慣を見つけることで、自分の悩みをコントロールする術を手に入れていきましょう。

悩みを消すための9つの質問

9分で悩みを消すワークでこんな効果が得られる

9分で悩みを消すワークでは、悩みと苦しみを切り分けることができます。**悩みは消せなくても苦しみは消せるので、苦しみを消した結果、悩みを感じても苦しくなくなる**のです。

そのため、ワークをすると、次のような効果を得られます。

・悩ましい出来事が起こったとしても、気にならなくなる
・悩んだとしても、苦しさを感じなくなる
・悩みとともにいられるようになる

・リラックスできるようになる
・安心感を感じながら生活できるようになる
・「将来悩みが生まれるかもしれない」ということへの不安も消えていく
・大きな重しのように感じていたものが、軽くなって、なくなっていく
・毎日軽やかに生きていられる
・いつもとても気分がよく、機嫌のいい人になる
・まわりとの人間関係がよくなる
・結果としてまわりからも好かれるようになる
・いままで起きていた人間関係のトラブルが起きなくなる

９分で悩みを消すワークをやってみよう

では、自分の悩みをコントロールすることができるワークを紹介します。**ひとつの質問に対して１分、合計９分で行うことができます。**悩んだときにひとりでも行えるものですから、ぜひ実践してみてください。

1　いま、何に悩んでいますか？
自分の悩みの状態を知るために、いま悩んでいることを紙に書いてみましょう。
「悩みを消す」ための専用のノートを用意して、思いつく限り書き出します。

2　悩みがなくなったらいいことはなんですか？
箇条書きで何個でも書けるだけ書いていきましょう。

3　悩んでいることで得られるものはなんですか？

4　悩みがなくなったら困ることはなんですか？

5　「悩みがなくなったらいい」「悩みがあったらいい」この2つに共通する理由、目的はなんですか？

6　あなたが本当にほしいものはなんですか？

7　あなたが本当にほしいものが手に入った未来はどうですか？

8　あなたの本当にほしいものが手に入った未来は、どんな気分ですか？

9　その未来の気分を、毎日3回感じられる場面を想定してください。
（※毎日の生活の場面で、3回実際に感じてください）

ワークを通して

いかがでしたか？

最初は出てこなくても、何回か繰り返していると、とても深い気づきがあるものです。ワークに取り組んだ人からは、次のような感想を耳にします。

・本当に悩みが消えたので、びっくりした
・悩みが気にならなくなった
・力がわいてきた
・自信が出てきた
・迷いがなくなった
・スッキリした

思考の強い人や自分の感情を感じづらい人の場合、なかなか言葉が出てこないこと

があります。普段感情に蓋をしているような人も、苦労するかもしれません。

そういった場合、自分のペースで繰り返すことや、人に手伝ってもらうことをおすすめします。人と話すといろいろなものが出てきやすくなるので、誰かを誘って行うというのはいい方法です。


また、**なかなか出てこないということは、思考が固まってしまっている証拠。**

そんなときほど、何度も実施してください。

「自分のペースで、ひとりで行うほうが遠慮なくできる」

という人は、それでもいいでしょう。


ひとりで行う場合は、1項目1分にこだわらなくてもかまいません。9分以上かかっても、時間を気にせずにやってみてください。逆に、1分だからこそ集中して出やすいという人もいます。

時間を区切るほうが集中して出しやすいのか、じっくり取り組んだほうが出しやすいのか、両方を試してみるといいでしょう。

繰り返しで「いい思考回路」をつくろう

繰り返し同じテーマで書き出してみると、前回出てこなかったものや、より深い気づきが出てきて効果が高くなるので、たびたび行うのがおすすめです。どんどんいい思考回路ができあがっていく分、何かあったとき、問題を解決しやすくなります。

ビジネスマンや企業で研修する際は、思考トレーニングとしてこのワークを応用しています。**営業やクレーム対応など、心理的につらい思いをするような人たちには、かなり効果的**です。ビジネスは、「つらい、しんどい」と思っている人ばかりでやろうとすると、潰れてしまいます。

しんどく感じる自分のことをしっかり大切にできる。それが、このワークのいいところです。とくに、社長は常に悩みがわくような立場に置かれています。

その分、本書の内容を理解すると、とてもラクになれるはずです。

ぜひ、この考え方に触れて、ワークも実践してみてくださいね。

「自己否定」する人は人生を大逆転させることもできる

自己否定する自分をうまく生かそう

自己否定する気持ちを消そうとすると、かえって自己否定感が強くなってしまうということがあります。本書の冒頭でも触れたように、自己否定を消すということは、「自己否定している自分を自己否定する」ということだからです。

じつは、心理学を学べば学ぶほどおかしくなってしまう人がいます。

自己否定の正しい扱い方を知らないために、そうなってしまうのです。

では、どうすれば自己否定を正しく扱うことができるのでしょうか。

これはとても簡単です。

「そもそも、なぜ自己否定をしているのか?」

を考えてみるといいでしょう。


自己否定をする理由は、よりよい人になりたいから、というものが大半です。

よりよい人になれなくてもいい人や、よりよい人生を生きたくない人は、自己否定する必要はありません。

よりよい人になりたい人や、よりよい人生を生きたいと思っている人だからこそ、自分を否定してよくなろうとしているということに気がついてほしいのです。


そもそも、人はなぜ、よりよく生きたいのでしょうか?

それは、自分が大切だからです。

自分を愛して、自分を大事にしているから、よりよい生き方をしたくて、自己否定をしているのです。

つまり、自分を深く否定すれば否定する分だけ、自分を深く愛している証。

自己否定の深さが、自己愛の深さ、自分を大切にしている自分への想いの深さ、ということなのです。

それに気づいた瞬間に、大きな変化が訪れるでしょう。

「そこまでして自分をしあわせにしようとしているのは、自分自身なんだ」
「わたしは自己否定というハードな手段を使ってまで、自分をしあわせにしようとしていたんだ」

ということに**気づいたとき、とてつもない自分への信頼感がわいてくる**のです。

これは、何かが人よりもできる・できないといった、劣等感を優越感にひっくり返したような自信ではありません。

「自分を信頼して、自分に人生を任せればいい」

と気づくこと。それこそが本当の自信につながるのです。

自分への信頼が高まると、さらに大きなごほうびがあります。

それは、自分の人生そのものをも信頼できるようになることです。

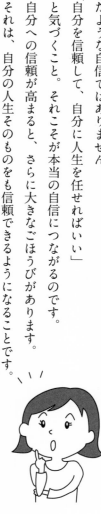

深い自己否定＝深い自己愛

いいことがあっても悪いことがあっても、

「自分にとってよりよい人生が目の前に開けている」

と思えるようになった瞬間、人生が激変し、素晴らしい人生が幕を開けます。

このような大きな気づきは、なかなか得ることが難しいものですが、深い自己否定感を持っている人には、それだけ自分を愛していることに気づく大きなチャンスが与えられているということ。**「深い自己否定＝深い自己愛」**と受けとめましょう。

気づいた瞬間から、まず人間関係が一瞬で変わります。自己否定感が消えた途端に、旦那さんが激変し、別人のようないい人に変わったという話は、よく耳にします。

子どもが変わるのも、よくあることです。この人間関係の大きな変化は、誰にも当たり前のように起こるので「自己否定」をしっかり見つめることはとても大切です。

ぜひ「悩み」をうまく扱えるようになりましょう。

おわりに――誰でも、悩まない生き方ができる

人は皆、可能性に満ちている

本書を最後までお読みいただき、ありがとうございました。

わたしたちは、思っている以上に、思い込みを抱えて生きています。

たくさんの思い込みが、悩みをつくり出し、本来発揮できるはずの力や可能性をはばんでしまっているのです。


「わたしはいったい、何のために生まれてきたんだろう?」

「人生の目的は何だろう?」

こういったことを考えて、人生の迷路に迷い込んでしまう人が非常に多いのです。

5万人を超える人と対話してきて改めて実感しているのは、せっかく生まれてきた人生なのに、悩みに支配された生き方をしている人がとても多いのは、もったいないことだなということです。


わたしは、苦しんでいる人たちと対峙するたびに、

「答えのない問いを考えるより、それぞれの人生を、よりよく、悩みなく生きる道はないだろうか?」

と探求し続けてきました。


その結果、悩みと戦うのではなく、悩みとともに生き、むしろ悩みさえも楽しめる生き方をすることが、もっともしあわせな人生になっている道だということがわかったのです。

そして、そうとらえられるようになることで、とても自然な形で、すーっと悩みが消えていったことに、自分自身でもとても驚いています。

世界中の人が悩まない世界へ

本書でも繰り返し解説してきましたが、悩みは、戦おうとすればするほど、見えないようにすればするほど増えていくもの。

反対に、知ろうとすると、消えていくものです。

悩みを正しく認識することで、人生が根こそぎ変わって、自分らしいしあわせな生き方を送れるようになった人たちが大勢います。

その姿を見るたびに、人はいつからでも、しあわせな人生を送れるのだと、思い出させてもらうのです。

もし、世の中から悩みが消えていったなら、どんな世界になるでしょうか?

わたしが目指しているのは、

「人はあるがままの存在で、すでに絶対の安全・安心に包まれて、しあわせであったことに気づいている世界」

です。悩みから解放された人が世界中に増えていけば、そんな世界を実現できるはずです。

人は皆、可能性に満ちています。

いつでも、いつからでも、人生は変えられるものです。

ともに、悩まない生き方を楽しみましょう。

そして、これからの未来を軽やかに生きていきましょう。

本書を通じて、悩まない自分になるためのきっかけをつくることができたなら、こんなに嬉しいことはありません。

２０２１年11月　森　優洵

謝辞

本書はたくさんの人の手によって生まれました。

まずは、本書のテーマであるストレスクリア®心理学に触れていただいてきたすべての方々に感謝します。今回、満を持して、処女作を出版することができました。

株式会社サイラスコンサルティング代表の星野友絵さん、企画から制作まで、数年間、ありがとうございました。

かざひの文庫代表の磐﨑文彰さん、今回の出版の機会をいただき、ありがとうございました。

素敵な装丁に仕上げてくださったデザイナーの重原隆さん、イラストレーターの遠藤庸子さん、ＤＴＰを担当いただいた宮島和幸さんにも、お世話になりました。

心理学を探求するべく、ひとりではじめたセッションから、クライアント、受講生がどんどん広がっていき、現在、一般社団法人ジャパンストレスクリア®・プロフェッショナル協会は、多くの人に支えられる協会になりました。

協会が発展する気づきをいつも与えてくださっている、一般社団法人ベストライフアカデミー代表理事の前田出先生、一般社団法人協会ビジネス推進機構代表理事の前田健志さん。お互いに協会を運営し、しあわせになる人を増やすため、日々応援し合い、刺激をいただいている、一般社団法人キレイデザイン協会理事長の大沢清文さんにも、心から御礼申し上げます。

いつもともに生きてくれている家族にも、感謝しています。

最後に。ストレスクリア®心理学は、コーチ、トレーナーのみなさんにも支えられています。いつもありがとうございます。

これからますます、日本中、世界中に悩まない生き方ができるようになる人が増え、さらなる仲間が増えていくよう、みなさんと歩んでいけたらと思っています。

これからもよろしくお願いします。

Special Thanks

緋田裕美子
有川久美子
安藤智子
石井美雪
上田浩司
上地しず子
宇式主満子
内野としみ
逢坂由紀
大森奈津子
岡本 聖子
兼田佳世子
菊池美和子
岸本桂生子
木下裕士
クボタアキ
児島浩美
さかうらりえ
佐々川咲菜
平良智恵
竹田圭子
中園勲
長浜あき子
中村麻莉
畑谷成美
花咲あけみ
福井あけみ
船本久恵
水葵暁子
森正美

（敬称略　あいうえお順）

●一般社団法人ジャパンストレスクリア®・プロフェッショナル協会

https://www.japan-spa.jp

●講座のご案内

ステップ1　心理学講座

自分の力で変化できる人になるための講座です。
「自分が自分であることのしあわせ」を実感できるようになります。

ステップ2　コーチ養成講座

コーチ資格を取得して、クライアントの望む未来を提供できる人になるための講座です。

「自分が自分であることが仕事になる」という目標を叶えます。

ステップ3　トレーナー養成講座

コーチを育成する講師になり、自己探求を生涯の仕事にしたい人のための講座です。
「人として最高の理想的で豊かな生き方」を提供し、社会貢献できるようになります。

●一般社団法人ジャパンストレスクリア®・プロフェッショナル協会

<ストレスクリア®トレーナー講師>

緋田裕美子　安藤智子　石井美雪　上田浩司　宇式主満子　内野としみ
兼田佳世子　岸本桂生子　クボタアキ　佐々川咲菜　竹田圭子　中村麻莉
畑谷成美　花咲あけみ　船本久恵　水葵暁子　森正美　（あいうえお順）

●動画講座（ステップメール）のご案内

プロも学ぶ、ストレスクリア7DAYSオンラインプログラム

https://bit.ly/3GdRZ3J

森優洵（もり・やすと）
一般社団法人ジャパンストレスクリア®・プロフェッショナル協会 代表理事
企業で管理職を務めながら、結果を出すべく心理学を学びはじめる。その後、関わる人も自身も、心理学によって大きな変化を遂げたことから、独立。以来20年間カウンセリングやコーチングに携わり、これまで、のべ５万人にストレスクリア®心理学を伝え、国内外にてコーチ 2000名、トレーナー300名を養成。
ストレスクリア®心理学メソッドによって、「数十年悩み続けていた問題が、一瞬で解決した」「不登校の子どもが学校に行けるようになった」「離婚寸前だった夫婦がみるみる円満になった」「伸び悩んでいた売上が200%、300%になった」など、長年の根深い悩みを短期間で解決するケースが数多く、大きな反響を呼んでいる。
ビジョンは、「人生の楽園の創造」。「人はあるがままの存在で、すでに絶対の安全・安心に包まれて、しあわせであったことに気づいている世界」を目指している。
著書に『たった９分で不安を消す方法』（Kindle出版）がある。
協会ホームページ　https://www.japan-spa.jp/

９分《きゅうふん》で悩《なや》みが消《き》える心理学入門《しんりがくにゅうもん》

森《もり》 優洵《やすと》著

2021年11月22日　初版発行

発行者　磐崎文彰
発行所　株式会社かざひの文庫
〒110-0002　東京都台東区上野桜木2-16-21
電話／FAX 03(6322)3231
e-mail:company@kazahinobunko.com　http://www.kazahinobunko.com
発売元　太陽出版
〒113-0033　東京都文京区本郷4-1-14
電話03(3814)0471　FAX 03(3814)2366
e-mail:info@taiyoshuppan.net　http://www.taiyoshuppan.net
印刷・製本　株式会社光邦
企画・構成・編集　星野友絵(silas consulting)
イラスト　遠藤庸子(silas consulting)
装丁　重原 隆
DTP　宮島和幸(KM-Factory)
©YASUTO MORI 2021,Printed in JAPAN
ISBN978-4-86723-061-9